Knaus

Richard Wagner

HERR PARKINSON

Knaus

MIX
Papier aus verantwortungsvollen Quellen
FSC® C014889

Verlagsgruppe Random House FSC® N001967
Das für dieses Buch verwendete FSC®-zertifizierte Papier
EOS liefert Salzer Papier, St. Pölten, Austria.

1. Auflage

Satz: Buch-Werkstatt GmbH, Bad Aibling
Druck und Einband: Friedrich Pustet, Regensburg
Printed in Germany
ISBN 978-3-8135-0653-2

www.knaus-verlag.de

Ich wäre natürlich das »Ich«, aber nicht ganz. Dafür vertritt Herr Parkinson den Morbus P. in allen Lebenslagen. Die anderen, Ärzte und Betroffene, Angehörige, Betreuer und Passanten, sind selbstverständlich Träger ihrer Berufe und Berufungen. Auch für sie gilt, dass jede Ähnlichkeit mit lebenden Personen zufällig ist, was im Übrigen durch unseren Herrn Parkinson jederzeit bestätigt werden kann.

Teil I

TAUMEL

Im Grunde war es mein rechtes Bein, das mich ins Unglück gestürzt hat. Ohne dieses Bein wäre mein Leben anders verlaufen. Ich hätte einen Hut getragen, wenn mein rechtes Bein mir nicht ständig an die Krempe getippt hätte. Ich hätte den Frauen tief in die Augen sehen können, wenn das Bein sich nicht sofort auf ihre tausend Füße gestellt hätte.

Ich befand mich mitten im Leben und dachte mir Erklärungen für den Zustand der Welt aus. Damit war viel Zeit zu verbringen, denn mit dem Zustand der Welt stand es schlecht. Nun war ich zwar weder ein Weltverbesserer noch ein Weltretter, aber auch das bloße Zuschauen war nicht meine Sache.

So wurde ich nach und nach in diverse Angelegenheiten geworfen, und hatte bald einen Fuß auf der Brust stehen, einen unerbittlichen Fuß, und eine schnelle Hand am Kopf.

Das meiste von dem, was ich sah und hörte, hatte immer noch Hand und Fuß, und hätte auch so bleiben können.

Manchmal aber stand ich sekundenlang wie angewurzelt da, bis ich zur Tür gehen konnte. Oder es setzte urplötzlich ein Herzrasen ein, das nicht mehr aufzuhören schien. Auch später auf der Parkbank nicht, auf die ich mich während des abendlichen Spaziergangs gesetzt hatte.
Als ich wieder aufstand, war es bereits ein Gehversuch.
Und dann war da noch das Problem mit dem Bein.

Zu meiner Hausärztin ging ich erst, als das rechte Bein zu zittern begann, und als sich dieses Zittern nicht mehr verbergen ließ.
Als ich im Konzertsaal im Französischen Dom, ohne es zu wissen, den Takt schlug, mit dem Absatz aufs Parkett, und dabei dem Dirigenten ins Gehege kam, und die Musikliebhaber wie die Musiknarren sich mit strafendem Blick nach mir umdrehten wie nach einem Delinquenten, einem Versager und Doppeldelinquenten, der sich nicht nur erdreistete, den Taktstock, den Dirigentenstab, zu ignorieren, sondern die gesamte Moderne, die mühsam erworbene.

Diese in Donaueschingen, in Darmstadt und Frankfurt am Main erfolgten Umerziehungen, die unser heutiges Musikverständnis geprägt haben, waren nun plötzlich durch meine Einmischung ins allgemeine Taktschlagen, und das durch nichts als das Bein, banalisiert und beschämt.
An dem betreffenden Abend ging es schließlich um Boulez. Es war mein letzter Konzertbesuch.

Ich ging also zu meiner Hausärztin, und wir führten einen Gesundheitscheck durch, den die Kasse damals noch bezahlte, und dann ging ich nochmals zu meiner Hausärztin, und wir werteten den Check aus. Herz und Nieren, und Lungen und Leber und Milz, alles war so weit in Ordnung, und meine Hausärztin erklärte mich für generell gesund.
Ich aber kam ein weiteres Mal auf das Bein zurück, und sie, die gerne das Homöopathische hervorkehrte, und auch jetzt, zumindest in Gedanken, den Tee ziehen ließ, antwortete mit einer Gegenfrage: Ja, wollen Sie zum Neurologen gehen?
Es hörte sich wie eine Entrüstung an, ich aber

sagte trotzdem Ja, und das Vorzimmer schob mir die Überweisung über das Pult. Ich wusste noch nicht, dass ein so lächerlicher roter Vordruck von nun an zu meinem ständigen Begleiter werden würde.

Ich war wie ein Passagier auf dem Kreuzfahrtschiff, der für alles, was er auf der Reise brauchen konnte, einen Gutschein besaß. Der Unterschied bestand darin, dass mein Überweisungsschein bestenfalls Rettung versprach und der Gutschein des Reisenden Glück.

Meine Hausärztin hatte ihre Praxis in einem Schöneberger Altbau, im ehemaligen Westberlin, in dem noch die Kachelöfen standen, in alter Pracht, aber ungenutzt. Die Geräte in der Praxis waren, wie es sich für eine Alternativmedizinerin gehörte, hochbetagt, aber funktionstüchtig.

Es handelte sich um eine Gebrauchtgerätepraxis, um einen stummen Protest gegen die Wegwerfmedizin. Am liebsten hätte sie wahrscheinlich auch noch den Praxisabfall getrennt.

Ich bin ihr später, nach Jahren, in der Umgebung der Arztpraxis begegnet.
Ich ging auf sie zu, und sie blickte an mir vorbei. Ich blieb trotzdem vor ihr stehen und sagte: Ich war einmal Ihr Patient, und wäre es heute noch, aber dann bin ich krank geworden.
Es war das Bein, sagte ich und sie wurde nachdenklich. Man sah es ihrem Gesicht an. Es wurde zum Mienenspiel. Plötzlich sah sie besorgt aus, fast schon sorgenvoll, obwohl das, was ich mitzuteilen hatte, für sie nichts weiter als eine alte Geschichte war, eine banale Arztbriefgeschichte, und es auch bleiben konnte.

Auch der Neurologe, zu dem sie mich schickte, saß in einem Altbau, gleich um die Ecke.
Seine Geräte waren relativ neu, er selbst aber ging gebückt und blickte im Sitzen zwischen den Schultern hoch, wie ein alter Mann.
Er ließ mich sitzen und liegen und gehen und stehen, und tänzelte um mich herum, als wollte er meinen Rhythmus finden, als müsste er so die Tonlage

treffen, in der ich mich in Gedanken davonmachen hätte können, ohne Ende und Ausgang der Konsultation abzuwarten.
Er sagte: CT. Gleich um die Ecke, sagte er. Mitbringen.
Als ich ihm zwei Tage später wieder gegenübersaß und sein Blick über das Röntgenblatt glitt wie der Blick eines Geografen über die Landkarte, und er das Blatt sorgfältig auf den Tisch zurücklegte, sagte er: Also doch Parkinson.
Er sah mich prüfend an und fragte: Schon mal in der Familie gehabt? Sein Blick wurde gütig.
Wenn er schon mal in der Familie gewesen sei, wäre es nicht so schlimm.
Er schreitet dann langsamer voran, sagte der Neurologe. Mein erster.

Die Broschüren, die ich aus der Praxis des Neurologen mitgenommen habe, hast du gelesen, nicht ich. Du hast dich von Anfang an um mich gekümmert, mich vor dem Schlimmsten bewahrt, und so hast du auch diese himmelblau eingefärbten Hefte sachlich

ausgewertet, ohne auch nur einen einzigen Blick auf die Purzelbaum schlagenden Rentnerpaare, die den Umschlag zierten, zu verschwenden.
Ich wäre über diese Umschlagbebilderung nicht hinausgekommen. Ich hätte ständig diese gefälschten lustigen Alten vor Augen, angesichts derer man den Eindruck haben konnte, dass erst die Parkinson-Diagnose die gute Stimmung möglich machte, in die sie offenbar geraten waren.

Im Jahr 1817, höre ich deine Stimme sagen, veröffentlichte der britische Arzt James Parkinson seine Monografie »An Essay on the Shaking Palsy« (Eine Abhandlung über die Schüttellähmung). Es ist und es bleibt bis heute die grundlegende Beschreibung der Krankheit.
»Involuntary tremolous motion, with lessened muscular power, in parts not in action and even when supported; with a propensity to bend the trunk forwards, and to pass from a walking to a running pace: the senses and intellects being uninjured.«
»Unwillkürliche, zittrige Bewegung mit herabgesetz-

ter Muskelkraft in untätigen Gliedern, sogar wenn gestützt; Neigung, den Rumpf vorzubeugen und aus dem Gehen in einen Laufschritt zu verfallen. Sinne und Intellekt bleiben unbeeinträchtigt.«

An seinen Erkenntnissen hat seither kaum jemand gerüttelt. Stattdessen wurde aus der Titulatur, der monografischen wie der realen, das Wort Schüttellähmung entfernt und durch den Namen des prominenten und gleichermaßen umtriebigen Londoner Arztes James Parkinson ersetzt. Er wurde damit für seine medizinischen Gesamtverdienste geehrt und die Krankheit aus dem Gehege der Lächerlichkeit gehoben, in das der Begriff der Schüttellähmung sie versetzt hatte.

So konnte der Namensgeber Parkinson zum diplomatischen Fürsprecher des einschlägigen Patienten werden. Dieser verharrte nun nicht mehr beim heillosen Versuch, das »shaking palsy«, also die Schüttellähmung, zu verbergen, er war jetzt Träger des Morbus Parkinson.

Es war Édouard Brissaud, ein französischer Arzt, der in einer Vorlesung 1895 als Erster die Bezeichnung »maladie de Parkinson« verwendete. Er war es auch, der auf die Rolle der substantia nigra verwies, der »schwarzen Substanz« des Gehirns. Ihre Nervenzellen sorgen für die ausreichende Produktion des Botenstoffs Dopamin, der wiederum die Motorik ausgleicht.

Dieser Vorgang aber konnte erst 1919, in der Doktorarbeit eines jungen Mediziners namens Konstantin Tretiakoff bestätigt werden.

Schüttellähmung sagt im Übrigen medizinisch gar nichts aus. Das Wort ist bloß für den Betrachter anschaulich. Und inzwischen ist ein krachledernes Wort wie Schüttellähmung längst aufgegeben, jetzt heißt es, im ähnlichen Fall, beschwichtigend Restless-Legs-Syndrom, kurz RLS.

Das Syndrom der ruhelosen Beine. Als ginge es bloß um die Beine, und nicht auch um den Kopf, der angeblich alles kontrolliert, aber kaum etwas unter Kontrolle hat. Fest steht, dass das Hirn um einiges größer ist, als für die menschliche Aufklärungstätigkeit nötig wäre. Was aber in diesen überschüssigen Territorien passiert, weiß bis heute kein Neurologe zu sagen.

Den Namensgeber der Maladie, der historische

James Parkinson, hätte das alles nur wenig amüsiert, wie es heißt. Er pflegte das soziale Engagement und schrieb einschlägige Aufsätze unter dem Namen »old Hub«.

Das Bein zitterte, es wurde regelmäßig laut. Und wenn ich beim Sprechen oder beim Vorlesen außer Atem kam, war es das Bein, dass mich aus dem Takt brachte, nicht immer, und nicht immer aus dem gleichen Anlass, aber es war das Bein, und viel mehr ließe sich darüber auch nicht sagen.

Ich wusste über die Krankheit, wie die meisten Menschen außer dir, meine Liebe, so gut wie nichts. Ich wusste, wie die meisten, nicht viel mehr als ihren Namen. Wie man Namen weiß, Namen und sonst nichts, und deshalb anzunehmen geneigt ist, dass das an dieser Stelle ausgesprochene Wort ein Geheimnis berge.

Dem Arzt aber blieb, unter diesen Umständen, nichts anderes übrig, als Diskretion walten zu lassen. Einer, der die Krankheit wie ein Beichtgeheimnis zu verwalten hat, und das bloß wegen des Datenschutzes, und zur gleichen Zeit und insgeheim diese Krankheit bekämpfen soll, hat kaum eine Wahl. Er, der keine Namen nennen darf, und auch die Dinge nicht beim Namen nennen kann, wird sich auf die Fachsprache zurückziehen und seine Aussagen dadurch kryptisch erscheinen lassen oder sich an der allgemeinen Wortbeschönigung beteiligen. Am Echo der Solidargemeinschaft.

So frech konnte ich noch sein.

Ich gehörte nicht zu den Spannern, die ihre Freizeit in den Wartezimmern der Ärzte verbringen. Weder aus Einbildung noch aus Neugier wäre ich dort aufgekreuzt. Die Sensationswörter »brisant« oder »explosiv« gab es in meinem aktiven Wortschatz nicht. Mehr noch: Ich kannte das Wort »vorbeugend« nicht. Ich wusste nichts über den Präventivkriegsfall. Ich gehörte der schweigenden Mehrheit der Präventionsignoranten an.

Zu einem Arzttermin ging ich nur, wenn ich nicht mehr weiterwusste, und nicht etwa, um die Frauenzeitschriften zu konsultieren, die in den Wartezim-

mern auslagen, zwecks Zitatbeschaffung für die gemischte Gesellschaft am Abend, beim Italiener.
Diese offene Querverbindung zwischen der ärztlichen Untersuchung und dem gesellschaftlichen Ereignis hätte mir allerdings zu denken geben können. Zumal die infrage kommenden Publikationen Illustrierte genannt wurden. Sie verstanden es, die Ereignisse so zu bebildern, dass die Leserin, egal, worum es ging, und worum es ihr gegangen wäre, im richtigen Augenblick zu Tränen gerührt war.
Die bunten Blätter vermittelten aber auch eine Vorahnung von dem, was man grosso modo zu verlieren hatte, und so war es nicht selten, dass die Betroffenen sich dazu entschlossen, beim Verschweigen der eskaladierenden Krankheit zu bleiben, und darüber hinaus auch dem Arzt gegenüber Einzelheiten zu überspringen, die zu schwerer wiegenden Diagnosen Anlass geben konnten. Ein nicht unbeträchtlicher Anteil falscher Diagnosen dürfte auf die Unvollständigkeiten der Patientenäußerung zurückgehen.
Im Warteraum war es andachtsstill. Die Anwesenden, Patienten und Begleitpersonen, saßen reglos in

ihren Sesseln aus schwarzem Kunstleder und falschem Chrom. Die Fenster, fast schon Chagall, waren groß und verschwiegen.
Alle wussten, dass bereits die nächsten Minuten schicksalhaft sein konnten, zumindest aber symbolgetränkt. Ihre Augen verweigerten sich. Selbst das Umblättern der Zeitschriften machte kein Geräusch. Und dann stand der Arzt in der Tür, und jemand stand auf und ging auf ihn zu, ohne dass seine Schritte zu hören waren.
Er begrüßte mich mit Handschlag. Dann gab er mir, wie später jedes Mal, das Zeichen, das ich vorausgehen möge, damit er, der Arzt, meine Gangart und mein Auftreten beurteilen könne, um daraus erste Schlüsse über das Fortschreiten der Krankheit zu ziehen.

Wie es begann? Die Mühsal mit allem, die Verunsicherung und die fortdauernde Angst? Es gab Vorkommnisse, für die ich keine Erklärung hatte, und die sich jetzt als Symptomträger erwiesen. Hätten sie, bei richtiger Zuordnung, früher zu einer brauchbaren Diagnose geführt? Hatte ich etwas übersehen, ich und auch die Ärzte? Hatten sie versagt? Was aber wäre dann aus den bereits umstellten Augenblicken des Glücks geworden? Was war es, was in mir die Unruhe stetig wachsen ließ?

War es der kurze Taumel in der Bar an der Grunewaldstraße, in die wir damals noch gingen, du und ich, dieser kaum wahrnehmbare Taumel zwischen lauter Nierentischen und nachgeäffter Afri-Kola und dem gerade noch zu erinnernden Möbel des Radios, unter dessen grünem Auge der Sendername Hilversum stand?

Oder im mitternächtlichen U-Bahnhof das plötzliche Gefühl, das Gleichgewicht zu verlieren und den Fahrgästen vor die Füße zu fallen, ohne dass mein Körper auch nur ein einziges, für mich vernehmliches Geräusch gemacht hätte?

War es der flüchtige Blick von der Fußgängerbrücke, irgendwo zwischen Bielefeld und Hannover, auf den Stadtverkehr am frühen Morgen, mit dem Versprechen, bald im Zug nach Berlin zu sitzen, im ICE, oder die Fahrt mit der Schwebebahn über das Urlaubstal im lustigen Tirol, weit hinter den Balearen?

Über das Tal zu gleiten, mit Esther und Abi Ofarim im Ohr, und zu wissen, dass alles, womit wir fest verbunden bleiben, Treppe und Sessel und Sessel und Treppe, Gurt und Gurt und Lehne und Lehne, sichtbar im Leeren hängt, und du, auch du, meine Liebste, unwillkürlich den Eindruck hattest, du könntest den Hals nicht mehr drehen, und alles, woran du dich festhalten könntest, liege längst hinter uns und sei bloß noch zu erahnen.
Vielleicht war es eine Gabe. Auf jeden Fall hattest du das Gespür dafür, wie man alles auf die Krankheit schieben kann. Denn, wenn man es auf die Krankheit schiebt, muss man nicht gleich an den Gefühlen rühren.
Du hast von Anfang an mehr über meine Krankheit gewusst als ich. Du hast dir genau wie der Parkinson selbst, mit diesem Wissen einen Vorsprung verschafft, der einen Abstand zu mir bedeutete, wie ich mir einzureden begann. Du hattest mich im Auge, und ich hatte dich in der Hand. In meinem Kopf ging die Angst um, und niemand wird sie vertreiben können.
Ich, der untergebuttert und überkandidelt war,

habe das Nachsehen. Die Beweislast liegt lange schon bei mir. Du aber hast von Herrn Parkinson gelernt.
Suprematistin meines Herzens, du hast gewonnen. Die Liebe ist gegenstandslos.

Eine Krankheit ist eine Fallenstellerin, höre ich mich sagen. Die Krankheit Parkinson hat viele Möglichkeiten, einen in die Falle zu locken. Sie markiert im Handumdrehen ihr Territorium, und wo auch immer die Vermessung stattfinden sollte, der Betroffene wird sich stets innerhalb der von ihr festgelegten Grenzen befinden. In den vier Wänden der Krankheit. Er kann sich schlecht den Mantel des Heroen umhängen, während er sich an den Dingen, die um ihn herum sind, mühsam festhält, um schließlich zur Tür zu gelangen, ohne die Kunst ihrer Öffnung zu beherrschen. Die Parkinson-Krankheit hat zwar keinen erkennbaren Plan, aber ein Prinzip. Sie verlangt nicht ausdrücklich die Unterwerfung, doch wo der Parkinson Herr der Lage ist, hat der Erkrankte nicht mehr viel zu sagen.

Ich blickte kurz über den Brillenrand, um die Stimmung im Saal zu erkunden.
Die Krankheit übernimmt, sagte ich. Sie übernimmt einen Nervenstrang nach dem anderen. Sie lässt die Basalganglien degenerieren und versetzt damit die Motorik in einen Veitstanz, der von Zeit zu Zeit von einem unerklärlichen Stillstand unterbrochen wird.
War das der Vortrag?
Ich weiß es nicht mehr, sagte ich.
Und du, darauf: Wie kannst du das vergessen? Du bist aus dem Bett gesprungen und hast das Rauchen wieder angefangen.
Es war das Schlimmste, was ich dir antun konnte, ich weiß. Während du dabei warst, aus mir den einzigen, den einzigartigen Parkinson-Schriftsteller zu machen, meine allerletzte Chance, das zu bleiben, was ich für dich zu sein gehabt hätte, kam ich dir mit meinen Gedächtnislücken in die Quere.
Mit meinen Demenzlaunen, wie du sie anfangs genannt hast.

Als das rechte Bein zu zittern begann, wusste ich nicht, ob und wie ich es wieder zum Stillstand bringen würde, und ich wusste auch nicht, was das alles wirklich bedeutete und zu bedeuten hatte.
So nahm ich das Bein in die Hand und versuchte zu flüchten. Ich kam aber nicht von der Stelle, und du gingst mit lockerem Schritt an mir vorbei.
Das kannst du jetzt nicht machen, hast du im Vorbeigehen gezischt.
Und du kannst es, habe ich erwidert.

Alle Probleme, die der Parkinson zu schaffen weiß, erscheinen zunächst einmal als Kleinigkeit: Hier ein Zittern und dort eine Steifheit. Ich konnte zwar im Restaurant nicht mehr still sitzen und musste, wenn das rechte Bein das Schnitzel schnitt, darauf achten, dass dieses nicht am Nachbartisch in der Salatschüssel landete, war aber jederzeit in der Lage, dem allgemeinen Tischgespräch zu folgen und ihm sogar eine andere Wendung zu geben, was dazu führte, dass ein Teil meiner Freunde und Bekannten mich für unverändert hielt, einzelne wohl auch für unver-

besserlich. Die sogenannten Skeptiker schwiegen vorerst.
So wurde fast jede Meinung, die mich erreichte, zum falschen Lob und damit zur Bestätigung meiner Selbstüberschätzung.

Der Parkinson ist nicht wie eine Grippe, die sich mit einem braven Fieber ankündigt. Er hat so gut wie keine ureigenen Symptome, mischt aber überall mit. Er kann die Merkmale von Grippe und Rheuma annehmen, und auch die der Depression. Damit ist er weder Grippe noch Rheuma, und Depression schon längst nicht, und so auch nicht fassbar.
Wer im Ergebnis der Diagnose erfährt, dass er die Parkinson-Krankheit hat, sollte wissen, dass er schon lange mit dem Parkinson kohabitiert.
Zu lange, sagte ich.
War es doch der Vortrag? Oder auch die Diskussion danach?
Es gehört zum ungeschriebenen Gesetz dieser Krankheit, dass sie sich von Anfang an einen Vorsprung zu verschaffen weiß. Ein beträchtlicher Teil

der Nigra, in der der Botenstoff Dopamin, zuständig für die Nervenbahnen, agiert, ist bei Entdeckung der Erkrankung bereits inaktiv. Der Betroffene wird diesen Vorsprung niemals überwinden können.

Wer aber will dies schon wahrhaben oder gar hinnehmen? Wer wird schon kampflos kapitulieren?

Ich habe dieses Wissen angenommen, und damit auch meine Katastrophe.

Ich spielte va banque. Ohne Aussicht auf Gewinn und sogar ohne auf das Spielerglück setzen zu können, denn selbst dieses war in der Hand des Parkinson. Ich spielte mit den gezinkten Karten meines Gegners. Die Zinke schlug mich in diesem Spiel.

Die Wahrheit ist: Ich konnte mich, selbst angesichts der Krankheit, weder von der allgegenwärtigen Glücksvorstellung befreien noch vom Recht auf Empörung, das jeder von uns für sich beansprucht.

Ich war tatsächlich der Unverbesserliche.

Jede Krankheit hat ihre metaphysische Aufladung. Aber nicht durch ihre Manifestationen und Verhaltensweisen, sondern durch deren Wahrnehmung.

Das Unerledigte der Welt versucht einen Ausweg zu finden, zumindest aber eine Erklärung für das Unerledigtsein bereitzuhalten. Für alle Fälle. Und ist es nicht tatsächlich ein Desaster der Wissenschaft, dass man nach zwei Jahrhunderten über die Parkinsonerkrankung kaum mehr mitzuteilen weiß als Namen und Symptome?
Oft genug ist der unerwartete Ausbruch einer Krankheit Anlass der Wiederentdeckung des Herrn dort oben durch den gelernten Republikaner da unten.
Die Eignung der Diagnose für die ethische Erschütterung und die religiöse Ummantelung ist von Krankheit zu Krankheit verschieden. Am besten eignet sich wohl die Diagnose Krebs.
Der Krebs ist der anschaulichste Eingriff in den Körper. Seine Wege und die von ihm ausgelösten Verwüstungen in der Körperhackordnung sind leicht zu dokumentieren. Unter Krebs kann sich fast schon jeder etwas vorstellen.
Brust und Prostata.
O Gott, sagt da auch schon mal der Atheist.
Und wenn dann auch noch der Terminus »bösartig« als medizinischer Fachbegriff zum Zuge kommt,

kann man nur noch sagen: dumm gelaufen für die Aufklärung, die alles zum Guten wenden sollte.

Das Ergebnis: Wir ignorieren das Böse und schicken die Betroffenen auf den roten Teppich.

Anders verhält es sich mit dem Parkinson. Er sitzt förmlich am anderen Ende der Hollywoodschaukel. Wer Parkinson sagt, muss als Nächstes Fragen beantworten. Während der Krebs die Echtzeit-Betroffenheit auslöst, und damit zum Liebling des Live-Fernsehens werden konnte, führt die Erklärung des Parkinson jeweils zu einer Versachlichung. Zuletzt sitzen sich die Beteiligten als Diskussionsteilnehmer gegenüber. Wie im Berufsleben.

Der Krebskranke hingegen ist ein Leidender, dem man von Anfang an mildernde Umstände gewährt, von dem aber auch erwartet wird, dass er kämpfe, wie es bis tief in die Schlagzeilen hinein heißt.

Beim Krebs verliert der Körper an Schönheit, an Faszination. Das ist für alle feststellbar. Beim Parkinson verkümmert er. Die Fernsehmoderatorin kann vor laufender Kamera von ihrer Brustamputation sprechen, was aber soll der Parkinsonkranke von der lautlosen Krümmung seiner Nackenwirbel erzählen? Die krebskranke Moderatorin kann sich im Gespräch zurücklehnen oder die Beine übereinanderschlagen wie sonst auch, während der Parkinsonkranke Angst haben muss, beim Sprechen plötzlich die Stimme einzubüßen oder ohne Vorwarnung seitlich vom Stuhl zu fallen.

Und ich?

Ich versuchte mir zwar immer noch einzureden, die Symptome seien noch nicht eindeutig genug, aber die Diagnose stand fest, an ihr war kaum zu rütteln. In meiner Verzweiflung lief ich stundenlang durch die Stadt, in der die Häuser Häuser waren, die Läden Läden, und die Bäume Bäume.

Ich verhielt mich wie alle Menschen bei der Feststellung einer schweren Erkrankung. Mein Gesicht war, wie bei den meisten der neu angefallenen Patienten, mehr vom Selbstmitleid als von der Krankheit gezeichnet. Mein Gesicht.

Arme und Beine, Haltung und Gang hingegen passten bereits zur Symptombeschreibung.

Ich führte Gespräche mit meinen Freunden, in denen das häufigste Wort Zukunft war oder sich zumindest so anhörte. Je öfter es ausgesprochen wurde, desto mehr verfinsterten sich seine Bilder. Ihre Urheber waren in meinen Augen bald nichts als Jesuswichser, Jahrhundertschwindler und Ewigkeitsfalschmünzer.

Und ich? Wie lange würde ich noch mit dem Hirn wedeln können? Wie lange werde ich vorzeigbar sein, wie die Bügelfalte? Wie lange noch werde ich teilhaben wollen am Würfelspiel Welt? Es sind stets die gleichen Fragen, mit denen wir uns aufgeben. Ich war 51 Jahre alt.

Bald schon, hast du zu mir gesagt, wird dich nicht mehr die Last der Welt beunruhigen, sondern die Chronik deiner Krankheit.

Als Nächstes verlor ich den Geruchsinn, und es war nicht nur ein Nachteil. Das aber wurde mir erst klar, als nach etwa anderthalb Jahren die Gerüche plötzlich wieder da waren, ohne jede Erklärung und ohne jede Vorwarnung. Sie waren zwar erheblich gedämpft, ich musste aber den Umgang mit ihnen wie-

der lernen. Und vor allem ihre Namen bereithaben. Denn, sobald jemand etwas riecht, muss er sagen können, wonach es riecht.
Ich beschloss, mir vorzustellen, ich bin auf dem Land, in meiner Kindheit, und so hatte ich bald die Gerüche wieder beisammen. Den Flieder, dem ich in die blauen Blüten biss. Den Fisch aus der Konserve. Das so genannte Olivenöl, gebraucht. Die frischen Tomaten und das stumme Brot. Die Stampfkartoffel vom Acker und die Butter der Kuh.
Nichts von dem, was zurückkehrt, ist ein Beweis. An die Heilbarkeit lässt sich nur glauben, und wer an sie glaubt, ist bereits ein Verschwörer.
Die Unheilbarkeit bestimmt den Gang der Ereignisse, höre ich mich sagen. Es ist die Unheilbarkeit, die nach Begleitung verlangt, sage ich. Sie ist es, die den Hausarzt veranlasst, den rot umrandeten Überweisungsschein zum Facharzt zu unterzeichnen. Man kann sich mit der Empfehlung des Hausarztes zufriedengeben oder selbst auf die Suche gehen, oder einem Neurologen vertrauen, den man im Bekanntenkreis vorfindet. Man kann auch eine Zweitmeinung einholen, und damit eventuell eine falsche Di-

agnose vermeiden helfen. Der Vorgang könnte sich aber auch auf die Vermehrung der Hypothesen beschränken und würde damit nur das Schlachtfeld der falschen Hoffnungen vergrößern.

Die Bedeutung des Neurologen für alles Weitere ist einem anfangs wahrscheinlich gar nicht bewusst. Später wird einem klar, es kommt nicht darauf an, wählerisch zu sein, und nach der Koryphäe Ausschau zu halten, es geht vielmehr darum, den Arzt zu finden, mit dem man sich verständigen kann, ohne ins Feilschen zu geraten.

Mit der Feststellung der Diagnose und deren Bestätigung kommen zwei neue Partner ins Spiel, der zu diesem Zeitpunkt noch ziemlich diskrete Herr Parkinson und der niedergelassene, durch seine Praxis längst sachlich gewordene Neurologe. Zu bedenken ist, dass der Neurologe zwar das Wissen des Papstes hat, aber bloß die Macht eines Vatikansprechers, während Herr Parkinson noch nicht einmal die Schweizergarde kommandiert.

Am Anfang steht die Angst vor der Diagnose. Man möchte am liebsten den Termin verpassen. Darauf folgt die Angst vor der falschen Diagnose. Danach die Gewissheit, krank zu sein, und danach die Hoffnung, dass die Krankheit heilbar sei. Parkinson ist nicht heilbar.

Was hieße im Falle Parkinson Heilbarkeit und worin bestünde sie? Im ganz normalen Lauf durch den morgendlichen Park? Paarweise und außer Atem? Nordic Walking und die anderen Disziplinen der Einübung ins Vermeidbare und ins Unvermeidliche? Wer Parkinson hat, taumelt längst durch die Welt, und alle sehen das Hinken, das Stolpern und Hüpfen. Jeder Versuch, den Tritt zu finden, endet in der Verwirrung.

Wer die Krankheit hat, weiß zwar, wo er wohnt, aber auch das gibt ihm keine Zuversicht, denn er weiß nicht, ob es diesmal nicht tatsächlich das letzte Mal ist, dass er die Wohnung ohne fremde Hilfe verlassen konnte.

Die Diagnose sei schwierig, hieß es immer wieder. Und weil sie so schwierig sei, erlaube sie die falschen Hoffnungen, die fast immer am Beginn einer Erkrankung stehen, in einem ungewöhnlichen Ausmaß.

Wer wüsste nicht, dass die Vernunft, wenn es um einen selbst geht, das Letzte ist, auf das man sich verlässt. Sie ist vielmehr das Erste, worauf man zu verzichten bereit wäre. Oder wer kennt wirklich nicht den plötzlichen Gedanken, der Röntgenarzt finde vielleicht doch noch im Schwarzen Quadrat der Nigra, in der Substantia nigra des Hirns, einen nichtigen kleinen Tumor, dem man die ganze bisherige Deregulierung zutraut, und dass man eine Operation am Kopf vorziehen würde, und das alles nur, um der Unheilbarkeit zu entgehen?

Es kann erstaunlich schlicht zugehen, wenn auf die Unheilbarkeit eine Antwort gefunden werden soll. Die Bereitschaft, an etwas zu glauben, nimmt sichtlich zu. Aber auch die Bereitschaft, mit dem Erfolg dieses Glaubensvorgangs fest zu rechnen. Ich war plötzlich nicht bloß unheilbar krank, ich war auch unheilbar lebensfroh.

Das führte zunächst einmal zum Interesse an allem

Neuen, das der Markt zu bieten hatte, aber man greift auch zurück, um sich, wie stets in solchen Fällen, bei den Chinesen umzutun, bei Kräuterfrauen und Schamanen. Es findet eine Plünderung des Gesamtangebots statt. Der Herr Parkinson jedoch erwies sich auch in der Kräuterfrage als unmusikalisch.
Nun können die Chinesen wirklich nichts dafür, dass sie trotz Yoga und Akupunktur bei dem Herrn Parkinson nur wenig Gehör fanden, denn er, der Brite, der Gentleman, sah sich wenig sinnvoll in der Positur des Baums verharren, um so, in geradezu lächerlicher Weise die Sonne zu begrüßen, die in seinem England im Baedeker-Nebelmorgen einer eher diskreten Präsenzverpflichtung nachzukommen hatte. Kaum vorstellbar, dass ein Churchill sich hundert Nadeln in den Kopf hauen lassen haben könnte, um dort sozusagen den Golfstrom zu etablieren.
Und wir, mit unseren braven Kneippkuren? Wie lange ist es her, dass ganze Ortschaften vom Kuren lebten, und die Kurbäder einen Ruf hatten wie heute die Wintersportstätten? Was sollte der Morbus an einem solchen Ort mit sich und den Bürgern anfangen? Etwa den Kurschatten mimen? Oder den alten

Goethe beobachten, wie er mit seiner minderjährigen Verehrerin einen ganzen Nachmittag lang Kupferstiche betrachtet, und das in Marienbad?

Jedes Krankheitsbild hat Lücken, jede Diagnose ihren Schönheitsfehler, und, wie verhält es sich mit dem »Kunstfehler«? Er kann Teil des Ganzen sein, oder auch nur ein Detail, sagte ich. Es war in der Diskussion, die dem Vortrag folgte.
Bist du dir sicher, hast du gefragt.
Ja, sagte ich, und du hast es aufgeschrieben.
Und noch etwas, fügte ich hinzu, und sprach dabei betont langsam: In der Kunst gibt es den »Kunstfehler« nicht.
Ich hatte die Lacher auf meiner Seite.
Etwas hat Hand und Fuß, sagte ich, und das Gelächter hörte abrupt auf.
Es geht um Kopf und Kragen.
Ob etwas tatsächlich Hand und Fuß hat, lässt sich mühelos feststellen.
Was aber ist die Stellung des Kopfs, wenn es um Kopf und Kragen geht?

Es war meine so genannte Kapitulationsrede, deren Wortlaut mir abhandengekommen war.

Du verwechselst die Angelegenheit mit ihrem Gegenstand, sagte der Mann, der am Tisch neben mir saß. Es war nach meinem Vortrag in der Sternwarte. Der Mann sprach mit auffallender Gelassenheit. Es war der Viktorianer, der stadtbekannte Herr Parkinson.

Mein rechtes Knie schlug von unten gegen die Tischplatte. Ich hielt sie unwillkürlich mit beiden Händen fest. Die Tischplatte hob von den Tischbeinen ab, sie stieg ins Blau des Himmels als eine fliegende Untertasse. An diesem schönen Tag wollte mir Herr Parkinson eine Freude bereiten und hatte mich überredet, ins Café zu kommen.

Ich sagte nichts von der Tischplatte und auch nichts von meinem Tischbein, und auch von meinem rechten Bein sagte ich nichts, und es geschah auch nichts weiter, mal abgesehen von den Augenblicken, in denen meine Hände von den Schultern Abstand nahmen, um sich das Weißweinglas aus der Luft zu holen.

Ich redete viel, zu viel, und störte damit das Gespräch mehr, als ich ihm von Nutzen sein konnte. Was immer ich auch sagte, in den Augen meines Gegenübers wurde es zur schlichten Behauptung.

In dem, was ich zur Sprache brachte, war zu viel an Grundsätzlichem, und das wiederum ließ sich offenbar gut mit der Krankheit erklären. So wurde ich zum Clown meines Gesprächspartners, zum Narren, der in Zeiten einfallsloser Kunst und satter Gesellschaft die Wahrheit aussprach, die ihm keiner abzunehmen vermochte. Sie war den meisten zu plakativ.

Wer die Gefahr nicht erkennt oder, schlimmer noch, sich ihr nicht stellen will, fragt nach den Einzelheiten.

Selbst die Wahrheit braucht eine angemessene Form, um als Wahrheit kenntlich zu bleiben. Man kann schwarzsehen und rotsehen, und wenn das eine nichts als einen Pessimismusvorwurf enthält, bezeichnet das andere die gewalttätige Eskalation. Ich sagte noch mancherlei zum allgemeinen Beschwichtigungscharakter unserer Öffentlichkeit und kam dabei in Fahrt, bis mich mein Gegenüber mit einer simplen Frage zur Ordnung rief.

Was aber ist mit der Sprache der Ärzte?, sagte er. Ist sie wirklich die reine Beschwichtigung oder verbirgt auch sie eine tiefere Wahrheit, deren Kenntnisnahme komischerweise fakultativ zu bleiben hat? Er pflegte eine unaufdringliche akademische Ironie, die er bei solchen Gesprächen wohl für angebracht hielt.

Als der Neurologe sich wieder hinter seinen Schreibtisch setzte und das spärliche Licht, das den Hinterhof und diese entlegene Diagnostik-Ecke zu erhellen hatte, mit seinem Körper verdeckte, war zwischen ihm und mir nur noch das rote Rezeptblatt. Er wusste, was ich habe, und ich wusste, warum es mir so ging, wie es mir jetzt ging. Ich wusste sogar, was ich empfinde.

Ich werde eine Zeit lang noch zweifeln, murmelte ich, und dann wird auch das nur ein Ritual sein.

Ich drehte die kleine weiße Tablette um und hielt sie ins Licht.

Wird auch morgen alles so sein wie bisher? Wird alles tatsächlich wie früher sein? Trotz dieser knopfartigen waschmittelweißen Mikros? Mit der geringstmöglichen Dosis, wie der Neurologe betont? Mit der geringstmöglichen Dosis fängt es an. Mit ihr fängt das Steigern der Dosis an. Wechselwirkungen und Nebenwirkungen schließen sich freundlich an.

Ich träumte, dass ich im Traum wach wurde, und dass der Traum weiterging und ich aus ihm nicht mehr herausfand. Ich lief durch eine Landschaft, in der eine Kirche war.

In der Landschaft standen Kleinwagen herum. Sie sahen wie die Autos armer Leute aus. Und als diese kurz darauf die Kirche verließen, um sich an diesen, ihren Autos neu aufzustellen, wirkte die Szene unwillkürlich wie eine Hochzeit auf dem Lande. Braut und Bräutigam verliefen sich bald unter den Bäumen, aber die Kinder stöberten sie immer wieder auf. Ich war der Hochzeitsfotograf, der Mann, der auf den Bildern fehlte. An dieser Stelle des Traums zog ich meine Lupe aus der Tasche und fing an, die einzelnen Gesichter zu studieren, so, als wollte ich mit ihnen ein Familientreffen nachstellen, zumindest aber das Familienalbum ergänzen. Das Familienalbum, in dem nichts außer den Familienkrankheiten fehlt. Und damit die Details der Vorgeschichte der Erkrankung.

Die Krankheit machte mich unfrei. Am frühen Morgen waren zunächst einmal die Tabletten zu nehmen. Ohne die verordnete Pillenmischung aus dem Haus zu gehen, hieße, eine Panik riskieren. Ich zog es vor, an der Bushaltestelle misstrauisch gemustert zu werden, sobald ich mich vergewisserte, die Tabletten mitgenommen zu haben, und sie auf der flachen Hand abzuzählen begann.

Ich hatte zwar eine gültige Fahrkarte, die mich zu meiner Fahrt berechtigte, aber Schutz bot sie nicht. Ich öffnete mein Portemonnaie und sah schon die Münzen herausfallen und davonrollen, und machte es wieder zu. Ich hielt es in der Hand, und die Hand begann zu zittern. Ich versuchte, es in die Innentasche meiner Jacke zu stecken, aber es gelang mir nicht. Ich beschloss, es bis zum Aussteigen in der Hand zu halten. Ich stieg bei der erstbesten Haltestelle aus. Es war die so genannte Kapitulanten-Haltestelle.

Ich erfuhr von neuen Wörtern. Es waren die Parkinson-Wörter. Der Tremor, der Rigor, das Freezing, die Dyskinesien. Der Tremor ist das Zittern. Der Rigor, die Versteifung, das Freezing ist das Nicht-von-der-Stelle-Kommen. Es gibt On- und Off-Phasen, je nach Wirkung der Medikamente. Während des Off kann es zu Dystonien kommen, zu Verkrampfungen. Während des On zu Dyskinesien, zu Überbewegungen.

Wer sich als Betroffener die Fachsprache aneignet, kann damit bestenfalls renommieren. Was hilft, ist ohnehin nicht die Fachsimpelei, sondern die medikamentöse Einstellung. Sie kann zumindest vorübergehend durch pragmatische Beobachtung und Selbstbeobachtung des Verhaltens des Erkrankten verbessert werden. Vorausgesetzt sein Verhalten ist logisch.

Der Rest besteht aus billigen Tricks, aus Starthilfen an der Ampel und allerlei Selbsttäuschungen, die der freundliche Benutzer für sich in Anspruch nehmen mag.

Es gilt: Aus dem Bett aufstehen kann nur, wer aus dem Bett aufstehen will. Und aus dem Bett kommt nur der, der aus dem Bett aufstehen kann.

Teil II

HONEYMOON

Nach der Bekräftigung der Diagnose und dem Beginn der täglichen Medikation ging es mir sichtlich besser. Das für den Körper noch neue Medikament wirkte, wie zu erwarten war.
Ich verlor meine Hektik. Ich raste nicht mehr von Ort zu Ort, ich war nicht mehr auf der Flucht.
Die Panik verflog, das Gleichgewicht meldete sich zurück.
Hossa! Hoch lebe die Schulmedizin!
Ich dachte von Neuem ans Reisen und beschloss in meinem erwilderten Glücksgefühl, meine Vorträge wiederaufzunehmen. Ich wollte mein Leben wiederherstellen. Das kleine Glück herausfordern, abends in den Cafés am Victoria-Luise-Platz. Die Durchschnittsdummheiten begehen. Sportler sein und Feuerwehrmann. Den Frauen Versprechungen machen, die einen als dämlichen Notlügner entlarven sollten. Ich ging auf die Suche nach den verlorenen Wiederherstellungspunkten.

Ich sah mich schon als Sportler die Latte reißen. Rekorde brechen, als seien es Tabus.
Herr Parkinson schnippte mit den Fingern.

Ich war maßlos. Ich steckte die Depression in die Tasche, und auch sonst war ich der Größte. Zum Beweis zündete ich einen großen Euroschein an der Potsdamer an, einen wirklich großen, um den dort stationierten Ungarinnen zu zeigen, dass es in der schönen neuen Welt nicht allein um das Geld gehen darf. Sie sahen das anders, aber bitte.
Es waren Abzockerinnen und Geldschneiderinnen, Alchemistinnen der Liebe waren sie. Sie täuschten die Kundschaft und enttäuschten sich selbst. In der Liebe sahen sie eine Krankheit und ihren Beischlafdiebstahlshintergrund nannten sie Familie. Sie hörten auf ihren Telefonen, durch die sie mit dem Rest des ungarischen Weltalls verbunden waren, allerhand Schicksalsmusik. Ich aber glaubte mich ihren Seelenirrtümern gewachsen.
Und das wegen eines Medikaments, das mich in meiner eigenen Wahrnehmung vereinfachte. Mich

trieb also ein Medikament um, eine Nebenwirkung nahm mich auf die Schippe.

Den Honigmond haben Scherzkekse aus der Ärzteschaft beigesteuert. Sie machten die Beobachtung, dass nach der erfolgten Diagnose und der Medikation mit L-Dopa sich der Zustand des Patienten erstaunlich schnell bessern kann, allerdings nur vorübergehend. Genau genommen, bis sich der L-Dopa-Effekt abnutzt, wie es einschlägig heißt.
Arvid Carlsson entdeckte in den fünfziger Jahren des vergangenen Jahrhunderts die Bedeutung der Dopamin bildenden Zellen in der Substantia nigra des Mittelhirns. Sterben mehr als fünfzig Prozent dieser Zellen ab, kommt es zu Parkinson-Symptomen.
Betrachtet man Parkinson als ein Ergebnis der deregulierten Produktion des Botenstoffs Dopamin im Hirn, so ist L-Dopa eine Medikation, die diesen Stoff und seine Herstellung antreibt. L-Dopa ist aber nicht Dopamin, es ist sozusagen ein Verwandter. Man kann natürlich statt Diesel auch Ben-

zin tanken, aber nicht für immer. Der Motor verträgt es schlecht.
Vor dieser Flitterwochenzeit und ihrer Überbewertung kann ich nur warnen. Sie tritt zu einem Zeitpunkt ein, wenn der erkrankte Mensch noch völlig ungeordnet auf seine Erkrankung reagiert. Er ist unschlüssig und unentschieden, und voller heimlicher Hoffnungen, gegen jede Vernunft, und ausgerechnet in diesem Augenblick größter Verwirrung schickt ihm der Herr Parkinson die Botschaft von der guten Wirkung des L-Dopa. Es ist eine seiner gängigen Irreführungen, die den Erkrankten hilflos machen und den Herrn Parkinson neugierig. Er versteht sich schließlich als Forscher. Als einer, der seine Entdeckungen beiläufig macht. Eine lakonische Kenntnisnahme begleitet sein Lebenswerk.

Ich habe mir einen Schnupfen geholt, sagte ich in der Apotheke, einer von vier um den Platz herum und zwei weiteren in den Seitenstraßen.
Ich hielt mein rot umrandetes Rezept bereit. Die meisten, die mich jetzt sahen, werden über mich das

gedacht haben, was sie auch von sich selbst zu sagen pflegten. Dass ich einen Schnupfen habe.
Diesmal sei ich noch glimpflich davongekommen. Im vergangenen Jahr habe ich mir um ein Haar eine Lungenentzündung zugezogen, und im Jahr davor sei mir die Wirbelsäule erkennbar schief geworden. Diese notorische Unzuverlässigkeit, ja geradezu Fahrlässigkeit, von Wind und Wetter, Öffnungszeiten und Ladenhütern, Auftragsbüchern und Brückentagen, Betriebsklima und Stornierung werde mich eines Tages noch unter die Erde bringen, sagte ich zur Apothekerin, die sich in der Zwischenzeit in den Beipackzettel eines Hustenmittels verliebt hatte.
Für einen Augenblick trug ich eine goldene Nase.
Die Apothekerin blickte von ihrem Beipackzettel auf.
Ihr Blick galt mir und der Nase.
Haben Sie nun ein Rezept, oder haben Sie keines, hörte ich die Apothekerin fragen.
Na also, sagte sie, und ich wurde wach, und im Zimmer war es Nacht, und im Fernseher lief das Spiel, und die Spielzeit war zu Ende.
Es stand mir noch die Nacht bevor. Ich sah ihren

Vorspann, und ich sah dich über einen Flur eilen, und du sagtest kein Wort.
Deine Haut wickelte sich um meinen Geruchssinn.

Manchmal war es mir, als hätte ich die Sprache verloren. Ich sah mich bei einem Vortrag, aber ich konnte nicht feststellen, wo der Vortrag gehalten wurde. Ich hörte mich auch sprechen, aber ich sprach in eine künstliche Stille hinein, sie war wie ein abgeschalteter Ton, was nicht sein konnte, sah ich doch an den lebhaft bewegten Lippen der anderen, dass sie sprachen, und stocktaub war ich wohl auch nicht, sonst hätte ich auch meine eigene Stimme nicht hören können. Wie aber sollte ich mir angesichts des allgemeinen Verstummens des Echos weiterhin Gehör verschaffen und sogar den Diskurs beherrschen? Alles vervielfachte sich, und es war trotzdem kein Geschenk.
Ich schwieg. Ich schwieg, ohne etwas zu verschweigen.
Ich hörte in mich hinein, ich horchte, und hörte nichts. Für einen Augenblick war ich taub und

blind und wuchs mir auch sonst über den Kopf hinaus.
So lag ich in meinem Bett und horchte in meinen Körper hinein, und er schickte mich auf die Reise, und ich traute ihm über den Weg.
Ich hatte ja nichts zu verlieren. Und was ich zu verlieren gehabt hätte, war zu diesem Zeitpunkt für mich noch nicht vorstellbar.

Hör zu, sagte ich. Aber zu wem sagte ich das? Mein Telefon hat kein Display, mein Telefon war von gestern, es war von damals. Es war kein Nostalgietelefon, kein nachgebautes, es war eines von damals. Damals, in meiner Kindheit, als alles zum ersten Mal geschah, als ich den Löffel von der Gabel unterscheiden lernte und den Kamm von der Haarspange, hieß Krankheit für mich liegen bleiben, im Bett bleiben dürfen, aber ohne Schlaf zu sein. Denn ich lag in meinem Bett unter einer dicken Decke, die mir meine Mutter aufgeschüttelt und bis zum Hals hochgezogen hatte, nachdem sie zu dem Schluss gekommen war, dass ich an diesem Tag nicht zur Schule müsse.

Sie hatte mir die Hand auf die Stirn gelegt, um das Fieber zu spüren, ich aber spürte ihre Hand, ihr leichtes Gewicht, und ich wünschte mir, dass dieses Gewicht noch lange auf meiner Stirn zu spüren wäre.

In den fünfziger Jahren, in meiner Kindheit, gehörten die Krankheiten zum Repertoire des Familiengeheimnisses. Es war von Familienkrankheiten die Rede. Hinter der vorgehaltenen Hand wurde so manches zur Sprache gebracht. Es liege in der Familie, wurde gesagt.

Heute heißt es, diese Zeiten seien vorbei, und es ist noch gar nicht so lange her, fügt der Ortschronist hinzu und freut sich an seiner Provinz. Er, der pensionierte Studienrat und Sohn des Dorfes, ein ausgewiesener Lokalmatador.

Die Informationen über die Familienkrankheiten gehörten zum kollektiven Gedächtnis einer Ortschaft. Sie halfen bei der allgemeinen Platzierung unter die Haube.

Krankheiten können Stigma sein, aber auch Verheißung. Wer die Schöpfung respektiert, muss sich

auch um ein adäquates Krankheitsbild kümmern. Er hat sich Fragen anzuhören, Fragen wie diese: Ist die Krankheit ein Kunstfehler Gottes? Auch die Theologie lebt von der Metapher, zumindest aber von der falschen Gewichtung. Wer, wenn nicht sie?
In Wirklichkeit ging es nie um das Paradies, und schon längst nicht um den Apfel. Es ging vielmehr um das Unmaß des hundsgesäugten Rom.
Es ging um die Übertreibung. Um sie geht es immer noch.
In der Marktwirtschaft wird die Übertreibung in Papiergeld gemessen.
Das Papier ist wertlos. Die Wertpapiere sind alles.

Ob ich meine Adresse wüsste, hat mich die junge Frau gefragt. Sie stieg extra aus ihrem Auto aus, um mir diese Frage zu stellen. Dabei war sie die Fahrerin des Wagens, der an der Ampel hielt.
Sie ließ also ihren Wagen an der Kreuzung stehen, wie ein Fahrrad, um mir zu helfen oder mich zu meiner Adresse zurückzubringen. Muss ich jetzt schon mein ratloses vormittägliches Herumstromern mit

einem tieferen Grund versehen, einem alibifähigen? Vielleicht schien ich ihr auch bloß irgendwie verdächtig zu sein, denn was konnte einer wie ich mitten in einem Gewerbegebiet, ohne Wohnhäuser und ohne Läden, schon verloren haben? Vielleicht dachte sie auch nur, ich werde vermisst, vielleicht dachte sie sogar, jemand vermisse mich.
Was sollte sie auch anderes denken, ein Spaziergänger war ich ja nun wirklich nicht. Meine Beine sprangen in alle Richtungen, als ich mit ihr sprach. Aber war ich deshalb bereits ein Entlaufener, ein davongerannter Perverser, ein Lolita-Arschlecker, ein Volkspark-Faschist?
Ich habe Parkinson, rief ich mit meiner brüchig gewordenen Stimme in den Mittagshimmel hinein, diagnostizierten Parkinson, und bin impotent, oder werde es demnächst sein. Fest versprochen.
Über mir wölbten sich die Baumkronen. Ich sah den Freizeitlockvögeln nach, die an der langen Leine der Öffentlichkeit geführt wurden.
Schützt eure missratenen Töchter vor mir, wenn ihr es nicht lassen könnt, schützt sie vor meiner Medikation, vor den Luftsprüngen meiner Tabletten, aber

schützt sie auch vor euch, rief ich in die Baumkronen hinein. Sie waren für einen Augenblick weiß.

Die freiwillige Feuerwehr wird zum verlässlichen Teil unserer Gesellschaft gerechnet, zum staatstragenden. Sie bekämpft nicht nur das Feuer.
Sie holt Leute vom Dach oder bringt sie zurück nach Hause. Ihre Tätigkeit ist voller Risiken, dafür hat sie dann die Überzeugung, Gutes zu tun. Während die Sportbegeisterten ihr Ego mit Medaillen behängen, bis es in Atemnot gerät, kann der Sprecher der örtlichen Feuerwehr lapidar sagen: Wir haben das Feuer gelöscht.
Die beiden Feuerwehrmänner, die sich unter den Verletzten befinden, sind die namenlosen Helden des Tages. Darüber sind wir uns über alle Gräben hinweg einig.
Der Pressesprecher der Feuerwehr blickt ins Publikum. Von draußen aber höre ich das Martinshorn.
Ich liege auf einem Bett. Ich halte den Arztbrief in der Hand und meinen Reisepass. Zwei Feuerwehrmänner tragen mich fort.

Die Freiheit, die wir haben, ist rechtlich verankert, und wir können sie gegebenenfalls auch einklagen, aber längst nicht alles, was als straffrei gilt, ist moralisch akzeptiert. Auch heute nicht.

Die Freiheit ist moralisch begrenzt, und die sie begrenzende Moral ist eine Doppelmoral.

Der Skandal, der sich traditionsgemäß über der kollektiven Neugier wölbte, wurde den Regeln der Reproduzierbarkeit unterworfen, dem Gesetz der Serie, und damit von der Skandalisierung abgelöst. Während der Skandal der öffentlichen Moral einigermaßen zu entsprechen suchte, wendet die Skandalisierung das Regelwerk ohne Wenn und Aber an. Damit wird Wahrheitsfindung zur Show. Plötzlich ist es der Boulevard, der unserer Gesellschaft die Diagnose stellt.

Es ist nicht das Zeitalter der Empörung, sondern das des Empörten.

Herr Parkinson nickt.

Das macht die Beteiligten vorsichtig. Sie verschweigen ihre Krankheiten. Verbergen ihre Schwächen. Alles nur, um konkurrenzfähig zu bleiben. Um den eigenen Marktwert nicht einzubüßen.

Wer krank ist, bleibt zwar gesetzlich gleichgestellt. Das Gesetz ist aber nur das Gardemaß.

Auch die Art der Verwaltung von Krankheit ist ein Ergebnis der jeweiligen Kulturgeschichte. Selbst die Heilkräuter waren nie von globalem Verschnitt, und Hildegard von Bingen reiste kein einziges Mal nach Samarkand.

In der Beschwichtigungsgesellschaft, in der wir heute leben, werden die öffentlichen Angelegenheiten regelmäßig mit dem Offenlegen der Vita der handelnden Personen verwechselt. Das bleibt nicht ohne Folgen. Es wird zwar weiterhin von Krankheit gesprochen, aber heute geht es darum, wie man mit einer Krankheit lebt, wie man mit ihr im Alltag zurechtkommt. Es geht um den Patienten, um die Angehörigen, um den Arzt und die Politik. Um Knatsch und Tratsch.

Aufdecken. Offenlegen. Entlarven. Anprangern. Eine der Folgen ist, dass mehr über die Nebenwirkungen der Therapien bekannt wurde, als über die Auswirkungen der Krankheit selbst. Es ist das Ergebnis der allgemeinen Volksbeschwichtigungsstrategie. Diese beschreibt die Krankheit zunächst einmal verharmlosend. Die Nebenwirkungen der Therapie werden dafür umso drastischer benannt.

Das ist Gesundheitspolitik. Sie ist, von heute aus betrachtet, das Ergebnis der Verschachtelung und des Verspachtelns von Denkbildern der Erlebnisgesellschaft, des Hedonismus im Allgemeinen, aber auch von Postulaten der Prohibition und des Neoliberalismus. Pichelsteiner Eintopf, vegan. Oder, wie es einst hieß, die Postmoderne.

Alles, was bisher einen politischen Körper aufweisen konnte, ist jetzt ein der Lebenskunst versprochener Torso.

Der Einzelne ist in dieser Zeit mit den Dingen verlobt. Wer sich von Dinkel ernährt, meint einen Anspruch auf eine Versicherungsprämie zu haben.

Während wir uns gegenseitig die »Kalkschulter« zeigen, untergraben Leiharbeit und Teilzeitregel gemeinsam den Sozialstaat. Und das in einer wahren Wolke des Geredes, bei E-Mail und Facebook, Arschgeige und Twitter.

Denn das wichtigste Wort ist Information. Alles, was geschieht, nimmt die Form der Information an, wird so zum Datentanz.

Gib es zu!, schreie ich in den Hörer. Dieser rutscht ständig an meinem Ohr ab, sodass du ruhig sagen könntest, du verstehst mich nicht. Du aber willst dich nicht einmal mehr herausreden. Du hältst es nicht mehr für nötig. Schließlich kommt es schon lange nicht mehr darauf an, den Schein zu wahren.
Ich rufe dich nicht mehr an, brülle ich ins Universum hinaus.
Ich drehe mich um.
In meinem Sessel sitzt Herr Parkinson und mischt die Karten. Ich richte meinen Zeigefinger auf sein Gesicht und sage: Der Arzt nimmt Abstand vom Körper des Patienten. Dessen Daten sind gespeichert und gesichert. Die körperliche Untersuchung ist zur Nebensache geworden. Wer weiß noch, wie sich das aufgeregte Pochen des Herzens anhört und das Reißwolfpapier der Lunge?

Ich werde mit einem Schlag wach und denke, es ist Morgen, es ist Tag, aber es ist bloß halb eins, und es ist mitten in der Nacht.
Auf dem Balkon haben Leute ohne Körper und Kör-

per ohne Stimme Platz genommen. Die Körper haben keine Stimmen und die Stimmen keine Körper. Das ist so! Sie haben nichts als Gesichter, in denen ein höhnisches Gelächter abgebildet ist, ein Karnevalsgelächter aus den Zeiten von Pest und Cholera. Ich mache das Licht an, das grelle Deckenlicht, und die Unpersonen vom Balkon, diese Flachniederländer, dieses fröhlich zu malende Elend, sie sind weg. Und mit ihnen die Zeiten, in denen Furcht noch nicht Angst war und Warnung nicht Abschreckung zu sein hatte.

Wer erkrankt, ist hin und her gerissen. Er fragt nicht nur: warum ich? Das ist noch das Geringste. Seine Anmaßung geht viel weiter. Ihm kommt die Krankheit zur Unzeit. Sie macht ihm einen Strich durch die Lebensrechnung. Er habe doch noch so viel vor.

Das werden auch die Angehörigen unterschreiben, später, in der Traueranzeige: Er hatte noch so viel vor, wird es darin heißen.

Das Neon ist ein kaltes Licht. Ein erfundenes.

Ich bin mit Herrn Parkinson auf Luftveränderung im Kurpark. Trotz aller Abgase, Emissionen und sonstigen Erreger ist ein Rest der Gebirgsluft und des Salzwinds der Küsten immer noch zu spüren. Es ist das geologische Europa.

Die Menschen blicken tief in die Augen der Blumen in den Rabatten und meinen, jetzt den Kampf mit der Natur wieder beginnen zu können.

Dieser aber hat nicht die Form eines gerechten Kriegs, es ist nicht einmal ein Krieg zwischen Gut und Böse, sondern ein Krieg um die besseren Chancen.

Unsere Welt, sage ich mit halber Stimme, besteht aus ihren Städten und Dörfern. Wir leben in den Städten und auf dem Land. Wir kennen den Stadtgott und den Dorfgott, füge ich hinzu.

Der Dorfgott grüßt freundlich.

Der Stadtgott kommt vom Dorfgott. Er hat die Kirche im Dorf gelassen.

Der Dorfgott regelt bis heute die Dorfstille, auf sie kommt es an.

Die Ewigkeit ist auf dem Dorf polizeilich gemeldet.

Wer am Dorfgott zweifelt, verzweifelt bald an der Natur der Dinge.
Das spricht weder für Gott noch gegen ihn. Was aber sagt es über uns? Und über uns hinaus?
Es geht letzten Endes um eine Art zu reden, die sich der Kranke leistet. Er fühlt sich plötzlich berechtigt, die Metaphysik herauszufordern.
Es ist sein Aufbegehren, sagt Herr Parkinson und blickt mich an, als hätte er mich längst durchschaut. Ich aber lasse mich nicht beirren.
Der eine sieht das Ganze, sage ich, der andere sich selbst.
Wenn den Menschen im Prozess der Säkularisierung die Gottesfurcht abhandenkam, wuchs dafür ihre Angst vor dem Tod und schließlich vor der Neugier der Nachbarschaft. Ich habe mir eines Tages einen Urnenfriedhof angesehen. Die Plaketten mit den Namen der Toten waren im rechten Winkel ausgerichtet, wie auf einem Soldatenfriedhof. Hier war alles auf einen Nenner gebracht.
In dem unübersichtlichen Gelände zwischen Leben und Tod, in dem wir uns tummeln und in dem sich die Botschaften jagen, die eigenen und die der an-

deren, und wilde Gerüchte, Spekulationen, leidenschaftliche Plädoyers und sachliche Darstellungen einander abwechseln, haben die Krankheiten aber nicht –

Ich rückte an der Brille, ohne den Satz zu unterbrechen.

Im öffentlichen Raum haben die Krankheiten aber nicht, wie man jetzt, wo alle Bilder in den Spiegel gestürzt sind, denken könnte, die Rolle der Opposition, sagte ich. Es gibt zwar auch die einschlägigen »demokratischen« Krankheiten, sie sind aber überparteilich und verkörpern eher eine große Koalition der sogenannten Volkskrankheiten. Sie stehen, von den Begriffswucherungen der Krankenkassen unangefochten, an der Spitze der Ordnungslisten.

Die Krankheit ist Teil der Unordnung. Die Unordnung ist innerhalb der Ordnung, und so wird die Krankheit innerhalb der Ordnung als Teil der Unordnung eingeordnet. Auch die Unordnung ist, so gesehen, Teil der Ordnung. Auch sie ist amtlich!

Der Staat orientiert sich am Register, der Rest der Fragen wird von Theologen, Philosophen und anderen Professoren betreut. Sie stiften die Namen der

Krankheiten, sie stellen die Monografien. Sie sagen Parkinson und schütteln den Kopf.
Danke, sage ich, nach dem letzten Blatt.
Das nächste Geräusch ist der Beifall.
Diagnose und Therapie bilden einen folgenreichen Zusammenhang, den der Patient oft aus den Augen verliert.
Auch das, ein Satz aus dem Vortrag? Ein Satz, an den ich mich durchaus wie an einen Satz von mir erinnere. Ich, der Patient, der ohnehin zur Unvernunft neigt, zum anarchischen Handeln. Der jede Regelverletzung, die er begeht, als legitimen Protest betrachtet.
Mein Aufbegehren hatte eine eigenartige Ausdrucksweise, um nicht zu sagen Form. Es richtete sich sowohl gegen mein durch die Krankheit simplifiziertes Schicksal als auch gegen die Medizin und die Mediziner als Verwaltung und Verwalter der Krisenlage meines Körpers. Ich vergaß, dass mein Körper zwar mir gehörte, ich aber nicht über ihn verfügte, und auch die Ärzte nicht, sondern die Krankheit. So sprach ich von meinem Kardiologen und von meinem Neurologen wie von meinem Anwalt und

von meinem Steuerberater. Sie hatten mich gegen Herrn Parkinson zu vertreten.
Im Übrigen ist alles, was sich das medizinische Personal über Patienten erzählt, wahr. Ich habe mit eigenen Augen Krebskranke gesehen, die während der Chemotherapie rauchten. Sie haben damit den Oberarzt provoziert, aber auch die Sinngebung infrage gestellt. Es war nichts als kindliche Verweigerung, und trotzdem ein letzter Kraftakt, mit dem der Erkrankte seine Mündigkeit betonen wollte.
Der Patient trifft seine Entscheidung aufgrund seiner geltenden Mündigkeit, in der Sache selbst ist er inkompetent. Wer wüsste das nicht?
Die Kleinigkeit, dass mir die Fachwissensvoraussetzungen fehlten, um Diagnose, Therapie und Medikation zu beurteilen, wurde durch die grundsätzliche Annahme meiner sozialen Kompetenz ausgeglichen.
So viel zur angewandten Demokratie in der Gesundheitsfrage. Es könnte einem Chat entstammen oder einem Newsletter aus einer der Parkinson-Kliniken. Eine Selbsthilfegruppe könnte am Werk sein, oder

ein paar schlaue Ärzte, die sich längst an die Pharmaindustrie verkauft haben.
Die Medizin kann bekanntlich alles sein, was zwischen chirurgischem Handwerk und Seelenklempnerei Platz hat, und es hat vieles dort Platz. Dem zwischen Krankenhausaufenthalten allseitig mit Verwaltungsaufgaben von Sozialapparaten überbeschäftigten Patienten bleibt die Rolle des Lebenskünstlers vorbehalten, und es passt.
Lebenskunst ist schließlich nichts anderes als die erfolgreiche Ausbalancierung der eigenen Ressourcen, das Kochen ohne Rezept, nur mithilfe der in der Küche vorhandenen Lebensmittel.
Die so verstandene Lebenskunst verwandelt das Vorhandene in das zur Verfügung Stehende.
Bleibt die Frage: Wenn die Lebenskunst eine Gabe ist, warum gilt der sich auf sie berufende Lebenskünstler als unsolide, und sein Auftritt fast schon als Hochstapelei? Und das bei Aufgaben wie dieser: Wie schaffe ich es, einen Termin für ein Echokardiogramm innerhalb der nächsten zwei Wochen zu bekommen, wenn alle Kardiologen der Stadt frühestens in drei Monaten einen Termin frei haben?

Die Mahnung der Ärzte beschränkte sich meist auf einen knappen Satz. L-Dopa so wenig wie möglich einsetzen. Wir werden es später brauchen. Es ist ein Broschürensatz, wie ich nach und nach feststelle. Er wird von den Ärzten jeder Art, in jedwedem Alter und in jeder Position, in der gleichen Weise ausgesprochen. Es ist ein Satz ohne Melodie.
Es sind die einfachsten Wörter, die, wenn sie aus dem Mund der Ärzte kommen, plötzlich einen rätselhaften Zug erkennen lassen.
Wir werden es später brauchen. Später. Wann ist später?
Es ist, als würden die Ärzte eine eigene Sprache sprechen, eine Sprache, in der die Wahrheit unauffällig, aber in aller Deutlichkeit zu Wort kommt. Sie wissen, was sie wissen. Nur wir wissen nicht, was wir nicht wissen.
Es geht um die schonende Mitteilung, aber auch um die Kunst der Überredung.

Ich sollte das Leben von einer anderen Seite kennenlernen. Und warum? Herr Parkinson hat keinen

Zweck im Auge, er hat nichts mit einem vor. Er handelt aus dem Augenblick heraus und ist vom Ergebnis nicht weniger überrascht als der Erkrankte. Er lässt es sich bloß nicht anmerken. Er scheint sogar seine Handlungsmuster regelmäßig zu vergessen, um sie jedes Mal stillschweigend wiederherzustellen. Das Handlungsmuster aber verrät uns nichts. Es kann sowohl Ursache als auch Wirkung sein.

Lässt sich Krankheit überhaupt verstehen? Unsere Gesellschaft setzt alles, was sie gelten lässt, in Bezug zum Sichtbaren und damit zum bereits Gesehenen. Die Sachbearbeiterin informiert sich beim Vortrag der Volkshochschule über die Krankheit, und der Kranke informiert sich über sich selbst. Danach weiß die Sachbearbeiterin praktisch alles über den Kranken, und der Kranke weiß nicht ein noch aus.
In den Ämtern lasse ich die Aufrufbuchstaben mitgehen. Es ist mir legitime Antwort auf den allgemeinen Nihilismus, den ich überall vorfinde und der mir zu schaffen macht.
In der Nacht sehe ich die Sachbearbeiterin noch ein-

mal in ihrer Rolle. Ich folge ihren Sätzen und vor allem dem Satzbau. Ich folge im Traum den Floskeln ihrer Sprache, und dann höre ich nur noch die Betonungen und die Pausen nach den Betonungen.
Es ist die Musik des Amtes. Es ist die Amtsmusik. Sie wiegt mich in den Schlaf zurück. Sie hebt mich in den Sattel. Ein Sattel, der am Morgen unauffindbar bleiben wird.
Dafür habe ich einen Termin bei der Bank.

Ich machte Fortschritte, ich machte Rückschritte. Ich ging aufrecht durchs Zimmer. Meine Schultern hatten schwere Flügel. Die Arme hingen lose in den Ärmeln.
Ich ging durchs Zimmer, aber ich ging zu schnell, um es als ein Auf- und Abgehen im Zimmer zu verstehen. Es war, als folgte ich meinem stummen Kopf nicht in Gedanken, sondern als sein Gepäck.
So kam es, dass ich das alles auf deinen Anrufbeantworter sprach. Ich dachte nicht an die möglichen Folgen. Was ich zu sagen hatte, war ohnehin nicht zurückzunehmen. Es war geschehen.

Man sagt den Parkinsonkranken nach, sie seien ohne Geduld und ohne Verständnis.
Das ist nicht wahr. Und es ist auch nicht gelogen.
Für den Parkinsonkranken führt es zu nichts. Weder die Geduld noch das Verständnis. Dass er mit dem langsamer werdenden Aussprechen der Wörter den Eindruck gewinnt, er komme seinen eigenen Gedanken nicht mehr nach, vor allem aber nicht mehr nahe genug, sodass sich bei ihm ein Gefühl der mangelnden Treffsicherheit einstellt.
Alle Böcke sind geschossen, und alle Bogen sind immer noch gespannt.
Das Langsamerwerden bekäme, wie er, der Erkrankte, meint, seinen Sinn, wenn es im Ganzen stattfinden würde, im Ganzen des Körpers.
Linker Arm und rechte Hand, ruft die Therapeutin.
Aus dem Stand in den Kniestand, sagt sie.
Über den aufgestützten Arm.
In die Seitenlage.
Aus der Seitenlage auf den Rücken.
Von der Rückenlage in die Seitenlage zurück.
Richten Sie sich langsam auf.

Ich richte mich auf. Ich richte mich nicht langsam genug auf.
Dabei kommt es ausdrücklich auf die Langsamkeit an. Sie hat ihr eigenes Gewicht und ihr eigenes Geheimnis des Gleichgewichts.

Die Verlangsamung ist ein Helfersymptom des Parkinson. Es ist für uns die böse Langsamkeit.
Es gibt aber auch eine gute Langsamkeit in unserem Leben. Jene, die dem Kranken zeitweise das Gleichgewichtsgefühl zurückgeben kann, wie eine Erstattung, und es ist nichts weiter als das, was Gott sonst zur Verfügung stellte, wie eine gute Laune.
Jedes Wort ist zwei Mal in der Welt. Jeder Begriff. Jede Bewegung ist zweimal zu machen. Einmal falsch und einmal richtig.
Es ist wie der Zoll in Mexiko. Du ziehst ein Los, und anschließend musst du zur Zollkontrolle, oder sie schenken dir einen Apfel. Das ist gut für die globale Apfelernte. Schließlich gilt der Apfel weltweit als gut verdaulich, es sei denn, man serviert ihn mit Kamelfett aus der Inneren Mongolei.

Ich, der Kranke aber, war der zu verzollende. Erinnerst du dich?
Und weißt du noch, wie wir beschlossen haben, all die Orte, an denen wir zusammen gewesen sind, noch einmal aufzusuchen, solange mir das Bein nicht die Gefolgschaft verweigern würde? Es sollte unser ganz persönliches Lebens-Insel-Hopping werden.
Im Grunde waren wir auf der Flucht. Wir waren von Anfang an auf der Flucht vor dem Herrn Parkinson. Wir dachten, wir könnten uns irgendwo eingraben, in einem Sanduhrfriedhof, im Morgentau.

Wer davonrennt, reißt sich los.
Er beginnt sich kaum merklich zu drehen, wie für den Walzerschritt.
So kommt er ins Schweben, und er weiß es. Er weiß, dass er nie mehr stürzen wird. Er weiß es für einen Augenblick.
Das aber genügt nicht. Stürzen genügt.
Wir haben nie miteinander getanzt. Wir haben immer nur unsere Hirne verglichen. Wir hatten eine

Hirnliebe, eine wunderbare Hirnliebe. Warum haben wir nie miteinander getanzt?

Das Tanzen, heißt es, helfe. Du findest in den Walzerschritt zurück. Die Donau ist wieder blau. Du drehst dich und die Frau und all die Pauschalreisen nach Wien, sie drehen sich mit. Das Tanzen wird zum Tanz. Die Erinnerung verblasst. Sie ist die Kopie, das Original war das Erlebnis. Die Tanzfigur soll Kopf und Körper wieder zusammenführen, wenn es auch nur für die Zeit einer Tanzstunde wäre.

Denn das Maß aller Erinnerungen ist genau genommen nichts weiter als eine Tanzstunde, in der alles erlaubt ist!

Sag bitte jetzt nicht, es gibt Schlimmeres als eine langsam voranschreitende Tanzstundendemenz. Komm jetzt nicht schon wieder mit der Geschichte vom Schlaganfall.

Lassen wir die Bauernregel, den Wetterfrosch und den Kräutergarten. Das Holterdipolter. Das Latein und den Wittgenstein.

Das tatsächliche Dilemma ergibt sich daraus, dass

das Sprechen nicht nur die Gedanken formt, sondern mit ihrer Hilfe auch aus dem Gedächtnis schöpft. Dieses aber lässt sich nicht wiederherstellen.
Das Gedachte steht weiterhin zur Verfügung. Das Gedächtnis aber ist nur noch sein Lexikon. Was darüber hinausgeht, liegt auf der Zunge und gleichzeitig auf der Hand.
Gewiss, er könnte jetzt sprechen, aber wessen Sprecher wäre er somit? Und ist es nicht schlimm genug?, sagt der Mann, der vor mir sitzt und mit heller Stimme von dem anderen spricht, von dem Schlaganfallspinsel, ausgerechnet er, der als Aufschneider galt, ein stummer Maulheld. Wann soll der da gewesen sein?
Ich will meinen letzten Vortrag rekonstruieren, und es gelingt mir nicht. Zeitweise erinnere ich mich so genau an die Worte, die ich sprach, als sei es gestern gewesen.
Jede Krankheit hat ihre Versteher. Diese reden so lange auf dich ein, bis dir Hören und Sehen vergeht. Ich weiß, wohin die Reise geht, rufe ich ihnen verzweifelt zu. Ich weiß es schon seit einer Ewigkeit, sage ich zu dir und falle in die Kissen.

In solchen Augenblicken wäre ich gerne tot und kann trotzdem nicht sterben. So viel ist sicher, zumindest für mich: Ich werde höchstwahrscheinlich nicht am Parkinson sterben. Ich werde am Versagen meiner Pflichtverteidigung durch Leber, Lunge, Herz und Nieren scheitern oder an der einen Herzklappe, die zu leicht aufschlägt, und das Herz, meines, so vom Blut überschwemmt wird.

Ich wurde gelobt und getadelt, und mir fiel auf, es war ein Kindslob und ein Kindertadel, und es wird sich auch nicht mehr ändern. Gelobt für meine ausholenden Spaziergänge, getadelt für die ungeordnete Einnahme der Tabletten.

Ich werde zwar ab und zu nach meiner Meinung gefragt, aber die Antwort will kaum einer wissen. Es ist, als hätte der Besucher sich nach meinem Befinden erkundigt und daraufhin das Thema gewechselt. So sprechen Erwachsene mit Kindern und bald danach auch mit ihren Eltern. Und es kommt vor, dass ihnen dabei ein Staunen im Gesicht steht, ein Staunen über sich selbst.

Dieses Staunen aber hält nicht lange an, es würde sonst das Gesicht verzerren.

Ja, es ist alles in Ordnung. Und ich weiß auch, wo ich wohne. Es steht auf meinem T-Shirt. Es sollte auf meinem T-Shirt stehen. Ja, es gibt immer wieder Augenblicke, in denen ich den Spruch gerne auf meinem T-Shirt hätte.

Schritt halten oder kürzer treten, das ist die Frage von Anfang an. Es ist die falsche Frage. Schritt halten geht sowieso nicht mehr, und kürzertreten hieße die Verlangsamung beschleunigen. Du kommst vom Sauseschritt ins Trippelmanöver und somit aus dem Gleichgewicht.
Üben Sie auf der Stelle zu treten, wobei Sie die Knie so hoch wie möglich reißen. Sie können sich dabei auch leicht im Kreise drehen und erlernen so die Möglichkeit, einen Richtungswechsel vorzunehmen.
Der Erkrankte ist längst aus der öffentlichen Rei-

hung gesprungen. Die Krankheit hat ihn ins Lächerliche gezogen, das durch seine gymnastischen Anstrengungen nur noch deutlicher wird. Er bekämpft seine Lächerlichkeit durch lächerliche Gegenmaßnahmen. Er turnt sich fit, um mit Herrn Parkinson zu flirten!

Als ginge es um Muskelaufbau. Nein, es geht um Nervenbahnen, und es geht um den Kopf und um das Gleichgewicht, das der Kopf schafft und nicht der Muskel. Der Muskel, der eventuell zusammenhält, was der Gedanke verspricht.

Mit dem Fitnessrad fährt man angeblich dem Rollstuhl davon.

Es war vor vielen Jahren, gestern war es, dass ich mich zum letzten Mal an einem Flughafen aufhielt. Ich sehe mich Schlange stehen, bei der Gepäckabgabe und beim Einchecken. Die Bilder haben sich mir in auffallender Schärfe eingeprägt.

Ich bin noch acht Jahre nach der Diagnose geflogen, dann war plötzlich Schluss. Ich sollte von Berlin nach Wien fliegen. Ich hatte bereits die Bordkarte.

Ich stand im Einstiegsbereich, ich kam nicht von der Stelle. Vor mir, zum Greifen nah, sah ich die Sitze des Warteraums. Ich sah mich Platz nehmen. Und dann entdeckte ich mein Handgepäck.

Während eine der Flugbegleiterinnen am Pult neben dem Einstieg geschäftig in der Passagierliste blätterte, sah ich mich vor dem Getränkeautomaten stehen. Die Münze kam mir nicht aus der Hand. Ich flüsterte, ich sprach in ganzen Sätzen, aber für mich. Ich sagte: Du musst jetzt die Münze einwerfen. Ich sagte, du musst jetzt die Taste drücken. Ich sagte: Nimm die Flasche aus dem Fach.

Ich zog meine Schultern hoch, als hinge alles an einem Faden.

Ich stand in Augenhöhe vor dem Display des Automaten.

Ich hielt mich an meiner Wirbelsäule fest und drehte mich entschlossen um.

Hinter mir stand schon die ganze Zeit über die Flugbegleiterin mit der Passagierliste in der Hand.

Brauchen Sie Hilfe, trällerte sie mit ihrer Flugbegleiterinnen-Honigstimme. Kann ich etwas für Sie tun?

Bringen Sie mich zum Taxistand, hörte ich mich sagen.
Der Taxifahrer wollte wissen, mit welchem Flug ich denn angekommen sei.
Die Maschine ist noch gar nicht gestartet, sagte ich und lachte.
Der Taxifahrer schwieg. Er sagte bis zum Ende der Fahrt kein Wort mehr.
Dann sagte er: Achtundzwanzig.
Er drehte sich um und nahm das Geld aus meiner Hand.
Und ich sah zum ersten Mal sein Gesicht. Sein Maskengesicht.
Keine Erkrankung, keine Krankheit kommt ohne die Hoffnung aus, und schon gar nicht eine unheilbare, wie es hieß. Dabei gehe es nicht um die Rolle, die sie spiele, sondern um das Maß, dass sich der Einzelne zugestehe, denn Hoffnung könne leicht Form und Gestalt des Wunderglaubens annehmen und so bloß die Lücke zwischen Anspruch und Geschenkpapier füllen.
Ich war dein Anspruch, und du warst mein Geschenkpapier. Wir haben uns anlässlich einer Lesung

kennengelernt. Du warst mit den beiden Buchhändlern befreundet. Und an dem Tisch, den sie beim Italiener für den späteren Abend reserviert hatten, hattest du links neben mir Platz genommen. Rechts neben mir saß die Buchhändlerin und mir gegenüber ihr Mann. Dass die Küche nach unserem Eintreffen noch geöffnet war, war der beste Beweis für das Ansehen der Buchhandlung vor Ort. Wir aßen die herrlichen Nudeln und tranken den passenden Wein. Alles war, wie es sein sollte, und als wir dann zu zweit über die Literatur zu reden begannen, hast du immer wieder das Richtige gesagt. Und als wir vor dem Restaurant standen, um uns zu verabschieden, gehörte ich bereits dir. Eine Woche später kamst du nach Berlin. Es war kurz vor dem Erscheinen des Herrn P. Du wirst zu ihrem Sprecher, und zuletzt, wenn alles an Tischtüchern zerschnitten sein wird, wirst du das Leben aus dem Mundwinkel des Herrn Parkinson betrachten, schrieb mir jemand warnend aus dem Chatroom.

Die Hoffnung hält die Hand auf.

Die Stammzellenidee war eine medizinische Modeerscheinung. Es galt in der einschlägigen Segelyacht-

welt als cool, mit dem Sektglas in der Hand der Safari der Stammzellen im Hirn zu folgen.
Mein neuer, in Steglitz residierender Neurologe, rief mir bei meinem ersten Besuch in der Praxis schon beim Betreten des Arztzimmers zu, wir müssten nur noch fünf Jahre durchhalten, dann sei der Durchbruch fällig.
Er sagte »wir«. Und meinte damit wohl sich, den Arzt, und die anderen Ärzte. Die Fachärzte. Die Niedergelassenen. Die Ambulanzen und die Stationsärzte. Er meinte den gesamten Berufsstand. Den politisch arrangierten und manieristisch arrivierten. Er meinte den Fortschritt, den Zahnersatz, und die FDP.
Und er meinte sich und mich.

Ich gehörte vor meiner Erkrankung zu den Menschen, die noch nicht einmal von der Zahnarzthypnose etwas hielten, geschweige denn von der Esoterik. Ich wusste um die Bedeutung des Klostergartens, es ändert für mich aber nichts daran, dass nur die verrufene moderne Schulmedizin, die Krankheit zu beenden versteht, und wenn nicht einmal die chemische Keule was bewirkt, ist ohnehin keine Aussicht auf Heilung.

Wer würde schon auf die Idee kommen, eine Lungenentzündung mit Pfefferminze kurieren zu wollen? Gerade die unheilbaren Krankheiten fördern die Fantasie des Betroffenen. Er wird einen Teil seines Krankheitsbildes in seine Fantasie verlagern, und es kann durchaus passieren, dass es ihm wie einem eingebildeten Geheilten geht. Dass er meint, die Kräuter, die Steine oder das Yoga hätten seinen Zustand verbessert, was er in seinem guten Glauben für ein Behandlungsergebnis hält. Er, der für jedes Radspeichenproblem zur Werkstatt eilt, lässt sich von der Nachbarin den nächstbesten Wundertee empfehlen. Oder ein Gerät, mit dem man sich am Morgen jeweils für ein Viertelstündchen an die Schläfe klopft.

Vielleicht ist es ja auch nur ein Protest gegen die Industrie oder die Industrialisierung von allem und jedem. Dafür aber wäre die Form zu überwinden, in der sich die Problematik eingerichtet hat.

In der Marktwirtschaft nimmt alles die Form des Unternehmens an. Auch das Krankenhaus. Letzten

Endes müssen selbst die Therapien am Haushalt gemessen werden.

Das sagt die Moderatorin. Und die Diskussionspartner, Politiker, Gesundheitssoziologen, Kassenverwalter, Patienten und Angehörige sind sich ausnahmsweise einig. Aber nicht über das Komma hinaus, wie sich bereits in den nächsten Sendeminuten herausstellen wird. Keiner der Anwesenden will das Gesundheitssystem tatsächlich ändern.

Es geht nicht um den Haushalt, sondern um den Verteilerschlüssel. Auch das sagt die Moderatorin.

Und auch darin sind sich im Grunde alle einig, nur, dass jeder der Diskutanten denkt, er wisse mit den erhaltenen Steuergeldern besser umzugehen als alle anderen Anwesenden, und damit nicht nur seine Kritiker und Gegner, sondern auch die potenziellen Verbündeten.

Auch hier steht der Patient im Mittelpunkt, der mündige Bürger im Schlafrock. Er wird auf seine Verwaltbarkeit hin geprüft, und das hat keine geringere Bedeutung als eine Diagnose.

Neben den guten Ärzten braucht ein Krankenhaus auch eine gute Verwaltung. Hier kommt schließlich

der BWLer zum Zug, der hinterste unter den Akademikern, dessen Gebiet überall dort hineinreicht, wo der Betrieb aufrechterhalten werden muss. Plötzlich wissen alle ihn über seine Kassenwartrolle beim Studentenverband ASTA hinaus zu schätzen.
Was aber kann schon ein Buchhalter tun, der von den Kosten eines Krankenbetts pro Tag auszugehen hat?

Wer erkrankt, verrückt den Stuhl im Sozialstaat.
In der Reha wurde ich nach meinem Berufsleben gefragt, wie nach einem allzu fernen Gegenstand, etwa einem Schlitten im Sommer. Wenn ich in meiner Kindheit allein war, versuchte ich mir überraschende Wortverbindungen vorzustellen. Es war mein Zeitvertreib, und es war mehr. Ich hatte meine eigenen Gedankengänge, und die Geheimnisse dieser Gedankengänge blieben meine Geheimnisse, solange ich nichts davon preisgab.
Was waren Sie denn in Ihrem Berufsleben, früher, hieß es dann meistens beiläufig.
Ich sagte, dass ich noch gar nicht rentenberechtigt

sei, und dass ich weiterhin meiner Arbeit nachginge. Meine Äußerung wurde in der Regel mit ungläubigem Staunen zur Kenntnis genommen.
Ich habe das Rentenalter noch nicht erreicht, sagte ich. Ich sagte es so, als müsste ich erklären, warum ich noch immer arbeite, wo ich doch längst zu den Objekten des Sozialstaats gehören könnte oder hieß es, sollte?
Auf dem Schreibtisch in der Sozialstation lagen die Antragsformulare zur Feststellung der Behinderung zwecks möglicher Frühverrentung.
Mit jedem neuen Antragsformular, das auf den Tisch kam, oder auch nur erwähnt wurde, war die Unhaltbarkeit meiner Lage offenkundig.
Ich war krank, ohne krankgeschrieben zu sein. Ich war chronisch krank, ohne von der Zuzahlung bei den Rezepten befreit zu sein. Wenn du noch da wärst, hättest du dich um all das gekümmert, denke ich mir.
Aber ich brauche nur einen Seitenblick auf Herrn Parkinson zu riskieren, um zu wissen, dass auch dieses nicht zutrifft.
Jetzt ist er dran, der Hellseher der Aufklärung.

Sie hat doch alles immer nur angefangen, sagt Herr Parkinson. Der Rest ging regelmäßig im Aquarellieren auf. Wie viele Ideen hat sie eigentlich weggepinselt? Hast du darüber schon mal nachgedacht?
Wer das Denken nicht lassen kann, riskiert nicht nur seine Karriere, sondern auch den Schmerz. Sie wollte dir den Schmerz ersparen.

Herr Parkinson stört nicht den Gang der Welt. Er stellt bloß ab und zu einem von uns offiziell Reisenden unauffällig ein Bein.
Herr Parkinson verhält sich wie ein Fußballspieler auf dem Spielfeld, wenn der Schiedsrichter ihm für einen Augenblick den Rücken zukehrt.
Herr Parkinson wird anschließend, genau wie der Fußballspieler, erklären, er habe das Knie des gegnerischen Linksaußen mit dem Ball verwechselt.
Herr Parkinson ist der Herr der Mittel zum Zweck. Handschlag und Handstreich sind ihm gleichermaßen vertraut.

Teil III

HERR PARKINSON

Es ist ein Morgen, an dem die Gedanken fliegen. Die Nacht war dunkel, ich wurde nur ein einziges Mal wach und nahm eine lösliche Tablette, eine halbe, wie ich stets betone.
So lernt man sich selbst zu betrügen: Du willst den Parkinson betrügen und du betrügst dich selbst, indem du zusätzlich eine Tablette nimmst, die dem Parkinson zu nächtlicher Stunde Paroli bieten soll.
Und worauf wartest du danach? Auf die Wirkung des Mittels oder auf den Morgen, der alles heilt, oder nur auf den morgigen Tag?
Und wer ist der unauffällige Mann, der neben dir steht, und sich von dir durch nichts unterscheidet und auch nur in deinem Namen spricht?
Ist da noch jemand, oder bist du es zweimal, zweimal in meinem Auge?

Parkinson ist die Krankheit, die Papst Johannes Paul II. hatte, sagt ein Freund am Telefon. Er sagt es offenbar, um mich zu trösten. Ich habe nun also eine Papstkrankheit.

Ja, und Muhammad Ali, der Boxweltmeister, hat sie auch, und Michael J. Fox, der Schauspieler, und Otti Fischer, der Kabarettist. Und die Fußballlegende Udo Lattek hatte sie wohl auch. Nicht zu vergessen den Bayreuth-Star der achtziger Jahre, den Siegfried-Darsteller Peter Hoffmann.

Papst Johannes Paul II., also Wojtyla, hatte es vergleichsweise gut. Ein Papst kann schließlich alles, was Gott ihm auferlegt, zum Teil seiner Botschaft machen. Immerhin, er wurde, trotz Mediengesellschaft, nicht zum Papst des Parkinson.

Ali, der Boxweltmeister, dagegen schwebt höchstens einmal im Kalenderjahr aus öffentlichem Anlass über den Bildschirm, als klassischer Kronzeuge der umfassenden Tätigkeit des Herrn Parkinson, in Sport und Gesellschaft. Er kann höchstens die Zeitlupe einsparen.

Peter Hofmann, der ein Star des Bayreuth-Boulevards war, hatte sein Geld noch vor der Diagnose ausgegeben. Für Motorräder und Frauen. Er heirate-

te später seine Physiotherapeutin und lebte zuletzt in der tiefen Provinz bis zu seinem von wenigen Nachrufen begleiteten Tod.
In den wohl selbst gewählten Tod ging der Schweizer Schriftsteller Jürg Federspiel. Er hatte in frühen Jahren ein einzigartiges Buch über Manhattan geschrieben: Museum des Hasses. Nach seinem Tod im Rhein widmete ihm Zoe Jenny eine Kurzgeschichte von zwölf Seiten, auf denen mehr über sie selbst als über das tragische Leben Federspiels zu lesen ist.
Als der Rowdy unter den betroffenen Prominenten hat sich bisher der bayerische Kabarettist Otti Fischer profiliert. Er ist der Erfinder des Kalauers: »Keine Angst, ich mache keine Schüttelreime«, und der so genannten Parkinson-Pirouette. Fischer glaubt wohl den Herrn Parkinson erfolgreich beleidigen zu können. Die Beschimpfung ist schließlich eine kabarettistische Methode, die von sich selbst behauptet, dem Lachmuskel zu dienen.
Von zwei Prominenten, dem Soziologen Helmut Dubiel und dem Plastinator Gunther von Hagens, ist bekannt, dass sie sich der umstrittenen Operation der tiefen Hirnstimulation unterworfen haben.

Das ist jener Eingriff ins Hirn, bei dem die Nerven so gekitzelt werden, dass sie wie die Beine in Gang kommen, sodass der Patient wieder selbstständig vom Sofa ins Bad und vom Bad zum Sofa gelangen kann, und das mit Hilfe einer Fernbedienung, die er sich vor die Brust hält, vorausgesetzt, er verwechselt sie nicht mit der Fernbedienung des Fernsehers.
Ich habe angelegentlich einer REHA mit zwei Personen gesprochen, die die Tiefenstimulation durchgeführt hatten: ein junger Mann, der sich mit dem Ergebnis zufrieden gab, weil er jetzt wieder gut Tischtennis spielen könne, und eine Endvierzigerin, die sich ebenfalls zufrieden erklärte, und das schon beim Frühstück, aber nach jedem Satz, den sie sprach, ein merkwürdiges Lachen folgen ließ, das nicht ganz ihres war.
Dem neurochirurgischen Eingriff, bei dem Teile des Hirns per Draht an ihre Hausaufgaben erinnert werden, liegen grundsätzliche Überlegungen des mechanischen Zeitalters zugrunde, die sich in der Regel mit einem Minimum an Beweglichkeit zufriedengeben. So wird der aufrechte Gang zum aufrechten Gang aufs Klo.

Während Dubiel seine Entscheidung heute äußerst kritisch betrachtet, zeigt Hagens im Fernsehen seinen täglichen Tablettencocktail vor, den er in Ergänzung zur Operation einsetzt. Hagens würde wahrscheinlich sogar den Herrn Parkinson plastinieren.
Damit ist Dubiel der Zweifler unter den Patienten, Hagens hingegen der Draufgänger.
Der erfolgreichste Beiträger der letzten Jahrzehnte zum Engagement gegen Parkinson aber ist der Schauspieler Michael J. Fox. Er hat nicht klein beigegeben, obwohl er erkennen musste, dass man mit der Unheilbarkeit schlecht ins Geschäft kommen kann. Er hat versucht seine Schauspielerkarriere fortzusetzen, zuletzt hatte er einen parkinsonkranken Schauspieler darzustellen.
Darüber hinaus hat er eine Stiftung für die Parkinsonforschung gegründet und seine in den Neunzigern erschienene Autobiografie ist mit Sicherheit das weltweit meistgelesene Buch über die Krankheit Parkinson.
Bleibt die Frage: Was hat er mit seinem Engagement erreicht? Seine Stiftung hat viel Geld eingesammelt, anscheinend zur Förderung einer einzigen

Idee der Parkinson-Forschung, dem Einsatz von Stammzellen.

In seinem Buch zitiert er einen Psychotherapeuten über sich, den Patienten Fox:

»Als Schauspieler beobachten Sie Ihr eigenes Verhalten natürlich sehr genau. Die Art, wie Sie die Einzelheiten empfinden und schildern, unterscheidet sich sehr von der Wahrnehmung der meisten anderen Patienten. Dadurch haben Sie einen Vorteil im Umgang mit der Krankheit.«

Der Träger einer so konsequent sinnsprengenden Krankheit wie Morbus Parkinson will getröstet sein, jenseits von Ursachenforschung und Therapie. Der ratlose Arzt wiederum macht daraus ein Kompliment. Er erklärt seinen Patienten zum Individualisten. Er hätte ihn genauso gut als Exzentriker bezeichnen können.

In der Darstellung der Geschichte des technischen Wandels überwiegen die Anekdoten. Die technische Entwicklung hat eine lange Geschichte. Es gibt eine Geschichte der technischen Erneuerung, der Erfindungen und Patente. Es gibt aber auch eine Geschichte des technischen Irrtums, der aufgegebenen Ideen und der gescheiterten Experimente.

Das gilt in gleicher Weise für die Medizin. Morbus Parkinson hat nur wenige Bruchstücke einer Geschichte aufzuweisen. Es gibt Hinweise aus der Renaissance und Schriften aus dem 19. Jahrhundert. Kardinal Luigi d'Aragona, der 1517 Leonardo da Vinci besucht, beschreibt den genialen Maler, Architekten und Ingenieur als bewegungsunfähig und vorzeitig gealtert, aber zu hohem geistigen Gespräch fähig, wie es heißt.

Das meiste erfahren wir noch aus der Korrespondenz Wilhelm von Humboldts, des preußischen Bildungserneuerers. Seine Erkrankung wurde 1819 festgestellt, zwei Jahre nach dem Erscheinen der Monografie von James Parkinson. Der Universitätsgründer Humboldt blieb bis zu seinem Tod im Jahr 1835 geistig tätig, ohne jede Medikamentenbehandlung. Er verfasste Berge von Abhandlungen, vor allem zur Sprachwissenschaft. Über die Krankheit allerdings und den Umgang mit ihr äußert er sich nur in Briefen. So schreibt er am 3. September 1832 aus

Tegel, wo er ein zurückgezogenes Leben führte: »Die Unruhe, die gewisse Krankheiten mit sich führen, mindert sich, wenn man ihr moralische Ruhe entgegensetzt. Mit dem positiven Schmerz ist es allerdings anders. Aber auch da kann man viel tun. Überhaupt gewinnt man sehr, wenn man die Krankheit nicht wie ein Leiden ansieht, dem man sich hingeben, sondern als eine Arbeit, die man durchmachen muss. Denn es ist gewiss, dass der Kranke sehr viel zur Aufrechterhaltung seiner Kräfte und zur Vollständigkeit seiner Heilung beitragen kann.«
Heilung? Was für eine Zuversicht! Fast schon Unerschütterlichkeit, möchte man sagen.
Am 1. Juli 1833, diesmal aus Berlin, bemerkt er aber auch: »Ich schreibe so ungemein langsam, dass ich das eigene Schreiben werde noch beschränken müssen, als ich schon tue.«
Und am 2. August 1833 lässt er aus Norderney, wo er sich zur Kur aufhält, wissen: »Aber die Hauptsache ist, das ganze Leben hindurch die Seele zur Ertragung jedes Ungemachs abgehärtet zu haben. Es ist unglaublich, wieviel Kraft die Seele dem Körper zu verleihen vermag.« Damit aber ist auch das Grund-

missverständnis bezüglich des Parkinsons gelegt. Der Kampf wird nicht gegen einen die Ordnung störenden Gegner geführt, sondern gegen einen, der die Ordnung übernimmt, um diese anschließend sich selbst zu überlassen. Herr Parkinson verwirrt den Körper und lässt den Kopf zuschauen.

Auch Humboldt ist bereits wegen der Auffälligkeiten der Symptome mit der Ausgrenzung konfrontiert. Der einflussreiche preußische Minister Hardenberg fordert sogar seine Entlassung aus dem Staatsdienst, setzt sich aber nicht durch.

Es war eine Stimme im Zimmer, eine fragende Stimme. Ich horchte dem fragenden Tonfall nach.

Wo willst du eigentlich begraben sein, fragte die Stimme, die akustisch von einem Krächzen begleitet wurde, einem Verlegenheitskrächzen.

Es war die Stimme eines Freundes. Sie hing irgendwo an der Decke, ich konnte sie nicht sehen. Die Stimme meines Freundes war nicht tief genug, um meinen Nacken abzustützen.

In einem Waldfriedhof am Rand der Stadt, hörte ich mich sagen.

Ich hätte gerne gesagt: In einem Waldfriedhof am

Rand der Welt. Wo sich die Eidechsen unter dem Lorbeer verstecken und aufgeregte Vogelstimmen den Toten die Verstecke melden. Mir. Jetzt.
Einmal in meiner Kindheit trug ich einen Kindersarg zum offenen Grab. Der Tote lag auf meiner Schulter. Es war ein Kind, ein Schulkamerad. Wir trugen den Sarg auf der Schulter, sechs Mann. Wir Kinder, es war unser erster Dienst am Tod, das erste Praktikum. Mit ihm begann das wirkliche Leben. Wir sahen die Eidechsen unter dem Lorbeer und hörten die Stimmen der Vögel.
Damals wussten wir noch nichts vom Verstecken. Die Erwachsenen verrieten sich noch nicht. Es gab zwei Dinge, über die sie nicht sprachen, das Geld und den Tod.

Ich stellte mir das Geld vor, wie es den Toten aushöhlte. Bis er nur noch ein Gespenst war, ein Knochengerüst. Für uns Kinder der Sensenmann, der Schnitter Tod. Den ich mir mühelos aus dem Regal fischen konnte.
Es war einer der Augenblicke, in denen die alten

Menschen, ohne es zu wissen, zu lächeln beginnen und ihr Gesicht sich unwillkürlich in ein Kindergesicht verwandelt. Für einen Augenblick sind sie Kinder, und ihr Gesicht ist ein Kindergreisengesicht. Und sie sagen, ich sei ja noch so jung.

Sie aber waren mit ihrer eigenen Kindheit voll beschäftigt, sie forschten geradezu darin, als könnten sie sich retten.

Alte Freunde, wie man sie kennt, mit gutem Ratschlag versehen. Gewappnet gegen alles nur Denkbare. Außer der Zukunft. Versichert wie die Weltmeister. Aber in was für einer Welt!

Ich sah plötzlich, wie aus der Blindheit erwacht, das Licht in meinen Augen sammelnd, die ganze Meute vor mir, in ihrer billig gewordenen Sicht auf das Leben, und auch meine Taubheit verlor sich, und meine Zunge schlug an den Gaumen, dass es mich schüttelte, und ich fragte: Gilt das gesprochene Wort? Oder ist doch höhere Gewalt im Spiel? Wenn ja, was dann, ihr Angehörigen? Ihr Wintersportler. Ihr Sommerakademiker. Ihr Wanderpokale.

Hinter jedem Kranken liefen ein paar Angehörige. Sie liefen ihm buchstäblich nach, sie waren ihm auf

den Fersen. Sie hatten den gehetzten Blick der mitten im Leben stehenden und gleichzeitig die Gestik des hoffnungsfrohen Berlin-Marathon-Läufers. Sie hielten die Lieferpizza mit spitzen Fingern über den Kopf, als wollten sie das soeben Gehörte und Gesehene weit von sich weisen, während die fröhlichen Alten, die Unheilbaren und Unheilvollen, umständlich nach den Erinnerungen kramten, was sie angeblich noch bei der Dietrich gesehen hätten.
Was gilt?
Das willst du sie wirklich fragen? Die Erbengemeinschaft?
Ja, Herr Parkinson, hörte ich mich sagen. Ich hörte es mich mit meiner Stimme sagen, aber auch seine Fragen waren mit meiner Stimme vorgetragen worden.
Du kannst nicht ihre Gefühle übergehen, sagte er.
Ich weiß nicht, ob diese Szene tatsächlich stattgefunden hat, oder ob ich mich bloß an sie erinnere.
Ich sprach vom Tod wie vom Leben. Das ist das Beste, was man für sich tun kann, sagte ich, und Herrn Parkinsons Gesicht blieb reglos. Es war mein eigenes regloses Gesicht, und ich weiß nicht, ob diese Szene

sich tatsächlich so abgespielt hat oder ob ich mich bloß an sie erinnere.
Lange nach Mitternacht spielten wir eine Partie Schach. Ich gegen mich. Er gegen sich.
Ist es nicht ein Skandal, der vielleicht größte von allen, dass die Humanität die Aufklärung nicht mit dem Mandat versehen hat, die Identität des Bürgers Gott festzustellen, vor allem anderen zu ergründen, welches seine Rolle in unserer Republik wäre?
Die Zukunft war das, was nicht vorstellbar war. Wir sagten: noch nicht. Und das verriet uns.
Wir hatten zwar keine Vorstellung von der Zukunft, wir hatten aber eine Fantasie darüber. Und wenn wir auch nicht so genau wussten, worin diese besteht, so glaubten wir doch an ihre Berechenbarkeit.
Bei einer Krankheit ist es das Noch-Nicht-Eingetretene, was uns erwartet. Es wird das Schlimmste sein, dachten wir, oder etwas Unerhörtes. Es könnte sogar das Spiel sein, das uns immer schon geläufig war.
Man muss ja nicht gleich eine Partei gründen, um mit Gott zu hadern, nur weil man meint, mit Gott hadern zu müssen.

Wenn dein Kopf schwer auf dem Körper ruht, mit seinem ganzen Gewicht, und diesen zu nichts mehr bewegen kann.
Wenn dein Kopf sich nicht mehr an den Schlaf erinnert, nur an die nächtliche Jagd auf dich.
Wenn deine Hand nicht mehr nach dir greifen will, nach deinem Kalkschulterblatt, um dich zu spüren.
Wenn dein Mund nicht mehr unterscheiden kann zwischen Schmerz und Verstand.
Wenn nichts mehr ist, wie es war, und nichts, wie es sein sollte.
Frage nach dem Stein, aus dem die Tränen wachsen. Und lass dir ein Auge geben, für alles, was noch kommt.
Es gibt Krankheiten, über die in zehn Minuten alles gesagt ist, und es gibt Krankheiten, die nicht zu fassen sind, mit Worten kaum zu beschreiben, wie es heißt.
Über beide Arten gibt es die verbindlichen monographischen Texte, die den verschiedenen Arztberichten und nicht zuletzt dem Arztbrief zugrunde liegen. Sie sind nicht dazu da, um die gelegentliche

Verunsicherung der Ärzteschaft zu spiegeln, sondern um sie erkennbar zu machen.

Diese Texte dienen also der Heilung. Oder verweisen von vornherein auf die Unheilbarkeit. Damit aber werden sie der Krankheit nicht gerecht. Das Unheilbare kann immer noch eine Herausforderung sein. Allerdings kaum noch im Krankenhaus. Schon die zehn Minuten bedürften dort der Erklärung für die Buchhaltung.

Einer Krankheit lassen sich weder Methode noch Vorgangsweise und schon längst nicht Art der Kriegsführung vorwerfen. Eine Krankheit als heimtückisch zu bezeichnen, ist wenig hilfreich. Ist sie doch kaum zu diskreditieren.

Ihre Aufgabe ist schließlich nicht, gut zu mir zu sein, sage ich und blicke an dem mir gegenübersitzenden Herrn Parkinson vorbei. Als wäre ich sein Schüler, er aber nicht mein Lehrer.

Es ist das Bürgertum, das die Krankheiten verharmlost. Im Übermut seiner Erkenntnisse aus den Naturwissenschaften des 19. Jahrhunderts glaubt es, der Verstand sei dem Menschen zwecks Verstehens gegeben und nicht etwa zum Denken. Denn, wer denkt, schießt gelegentlich auch über das Ziel hinaus, während die, die drauf aus sind, alles immer nur zu verstehen, sich hüten werden, sich aus dem Fenster zu lehnen, es könnte ja sein, dass sie unversehens über den Rand der Welt kippen, ohne vorher in einer Selbsthilfegruppe gewesen zu sein.

Ich schlafe und stehe auf und schreibe etwas auf, etwas, das mir nicht eingefallen, sondern zugestoßen ist. Ich schlafe wieder, und als ich wach werde, sind es drei Stunden zu viel, die vergangen sind. Vor mir liegen, in der Spenderbox, zwei strahlend weiße Tabletten. Waschmittelweiß.

Es sind die Tabletten, die ich nicht genommen habe.

Wie angewurzelt stehe ich inmitten des Zimmers, und nichts in mir weiß, wie es weitergeht, niemand weiß, wie das Gehen geht.

Die Auskunft ist gestorben.

Jetzt weißt du es, und ich weiß nicht, warum ich es gesagt habe. Ich will es gar nicht wissen.

Ich weiß etwas, und dann weiß ich es nicht mehr.

Dann aber weiß ich es wieder, und es ist etwas anderes.

Und nicht, weil ich etwas dazu gedacht hätte oder mir ausgedacht hätte.
Es ist nur, weil mein Gedächtnis vorübergehend nicht zu erreichen war, und das, was ich wusste, mittlerweile zu dem, was ich jetzt weiß, geworden ist.
Während ich spreche, folge ich deinem Blick, und dieser Blick beobachtet mein Bein, die Hände, die Handbewegungen, das Rücken der Augen.
Es ist ein vergleichender Blick, es kann gar nicht anders sein.
Du siehst mich, ich sehe dich nicht.
Es ist Nacht und ich finde den Lichtschalter nicht. Wo habe ich ihn bloß abgelegt? Ein Lichtschalter sollte seinen bestimmten Platz haben, wie die Wohnungsschlüssel. Ich sehe die Wohnungsschlüssel, aber es sind deine.
Es sind deine Wohnungsschlüssel und sie liegen auf der Ablage neben der Tür. Ich sehe sie auf einer Zeitung liegen und diese Zeitung hat ein Datum. Ich will aber nicht wissen, aus welchem Jahr die Zeitung ist. Ich lese schon lange keine Zeitung mehr. Es ist gar nicht meine Zeitung. Es muss deine Zeitung sein, aber warum liegen dann deine Schlüssel hier?

Als du gingst, hast du sie auf den Küchentisch geknallt, und ich habe das Geräusch, das deine Schlüssel damals beim Aufprall auf der Küchentischplatte machten, auch jetzt im Ohr.

Ich sitze auf meiner Schulter, und es ist mir, als sei jemand gegangen, um nicht wiederzukommen, und niemand gekommen, auch nicht, um zu bleiben.

Einen Kranken zu verlassen, gilt als verständlich, zumindest als verstehbar, es wird aber auch verurteilt. Die meisten gehen davon aus, dass es leichter wäre einen Kranken zu verlassen, als bei ihm zu bleiben.

Alles Spekulation, murmelt Herr Parkinson.

Solange die Krankheit zu zweit erlebt wird, ohne sie zu teilen, kann alles, was das Krankenbild zu bieten hat, zum gegenseitigen Vorwurf werden.

Zum Schlimmsten für den Kranken wird seine Alltagsrolle, in die ihn Behörden und Angehörige zurückgedrängt haben, oder er selbst. Er kann alles wie bisher haben und sein, aber nur in Übereinkunft mit dem Herrn Parkinson.

Dieser hält sein Szenarium für alle Fälle bereit.

Wer denkt, er könne Herrn Parkinson entkommen,

ist bereits dessen Gefangener, und wer jetzt trotzdem aufstehen und davonrennen möchte, sollte sich besser einen Sparringspartner suchen, einen Trainingssack.
Übung macht hier nicht den Meister, sondern das Minimum.

Über das Verlassen und das Verlassenwerden wird am wenigsten gesprochen, obwohl die meisten etwas dazu zu sagen hätten.
Je früher jemand einen Kranken verlässt, sagte ich langsam in die Runde, desto größer sind die dabei aufkommenden Selbstzweifel. Das Ganze verdeckt noch die Einzelheiten. Je später die Betreffende sich zum Gehen entscheidet, desto mehr an Details hat sie auf ihrer Seite.
Es sind die Halluzinationen und der Streit, der aufkommt, wenn es darum geht, die Ursprungshandlung zu finden, um sie von der Fantasie zu trennen, in der sich der Betroffene als der große Spieler installiert hat, mal als Sextourist, mal als Kaufhauskunde. Er wird zum Wahnsinnigen mit Kreditkarte, zum

Libido-Narren, der seine Frau in die Kissen jagt und sich in ihre Dessous, in denen er eines Tages vor ihr steht. Er möchte eine Latte von ihr in den Arsch gerammt kriegen, und er will es mit all den Begehrten der Potsdamer Straße, mit den von Herrn Parkinson herbeizitierten Stuten des Rotlichts treiben, und es dauert jedes Mal nur die eine Minute, die teuerste der Welt. Damit aber sind die Möglichkeiten der Selbstvernichtung noch nicht erschöpft.

Der Kranke kann noch zur Spielbank eilen, dazu braucht er nicht einmal das bisschen Potenz, zu dem er es gelegentlich noch bringt, dort genügt eine Krawatte. Und im Kaufhaus nebenan, braucht er nicht einmal die Krawatte, dort reicht schon die Kreditkarte und eine Unterschrift.

Bedenkt man diese Art Nebenwirkung der über viele Jahre eingesetzten Medikamente, so bleibt zu sagen, dass die Bekanntschaft des Herrn Parkinson neben allem anderen auch eine kostspielige Angelegenheit sein kann.

Was ist schon dabei, summt Herr Parkinson.

Die Krankheit zerstört nicht nur das Leben des Betroffenen, sondern auch sein Vorleben. Alles wird

plötzlich erklärbar, und selbst die kleinen Schwächen erscheinen nun als vielsagende Symptome.
Die Macht des Kranken über den Angehörigen besteht in seinem Machtanspruch. Geht es nach ihm, so ist Mutter Teresa bald seine Sozialarbeiterin und er der Betreuer von Machiavelli.
Alles, was ich mache, steht zunächst einmal im Zeichen der Krankheit. Sie konkurriert mit den Tabletten um meinen Kopf. Meine Krankheit ist tablettensüchtig.
Es ist schöner, die Krankheit zu vergessen als die Tabletten.
Auch das spreche ich auf deinen Anrufbeantworter.
Wer kann schon seinem Körper etwas zuflüstern? Auch wenn jemand behauptet, er setze sich mit seiner Krankheit auseinander, ist doch schnell zu erkennen, dass er sich längst mit ihrer Symptomatik begnügt. Indem er sich den Merkmalen und Eigenschaften zuwendet, glaubt er, sich eine Chronologie der Krankheit verschaffen zu können, und so zumindest eine Vorstellung vom jeweils aktuellen Stand der Dinge zu erhalten, aufgrund dessen eine Meinungs-

bildung möglich wäre. Es ist die Frage nach der Verschlimmerung, die ihn umtreibt.
Das Schlimmste, von dem er auszugehen hätte, hat in seinen Augen noch nicht stattgefunden, was nichts weiter heißen muss, als dass er es noch nicht erlebt habe.
Das Schlimmste kommt noch, sagt ihm selbst das Sprichwort. Es macht ihn wortkarg.
Das Unheilbare aber ist nichts anderes als das Ergebnis, und das steht bereits mit der Diagnose des Parkinson fest. So scheint ihm sein eigenes Erlebnis mitunter bloß noch ein nachgetragener Tagesablauf zu sein.
Den Kranken erwartet das Ganze nicht als Ganzes, sondern in seinen Leitmotiven, wie es nassforsch heißt. Es ist der Blick, der auf die Nigra fällt, ohne die Welt schwarz erscheinen zu lassen.
Das gibt ihm Hoffnung. Es gibt ihm eine Hoffnung, die bei genauerer Betrachtung nur eine falsche Hoffnung sein kann. Und ist nicht jede Hoffnung eine Hoffnung, auch die falsche? Ist doch Hoffnung allein dort, wo es eine Vorstellung von ihr gibt, selbst eine vorübergehende. Denn wer kann schon sagen, wo sie

wirklich zu finden ist, und vor allem, warum? Und das, ohne gleich den Geist in die Krise zu schicken.
Einen Tee miteinander trinken, eine levantinische Minze.
Vielleicht handelt es sich ja auch um eine Sinnkrise des Körpers. Könnte das der Fall sein, Herr Parkinson?
Ich klopfe an, aber es ist nur der Tisch. Der Tisch, auf dem die Gläser rücken. Seit du weg bist, habe ich schon wieder zwei zerbrochen. Meine Hand fiel ihnen nach. Aber du kennst das ja.
Was ich dagegen tun könnte?
Nehmen wir ein Beispiel aus der Welt der Broschüren: Vermeiden Sie es, nachts auf die Uhr zu schauen, der Blick auf die fortschreitende Uhrzeit kann zu seelischer und körperlicher Anspannung und Erregung führen, heißt es dort.

Herr Parkinson ist nicht auf Nähe aus, Streicheleinheiten sind ihm zuwider. Worauf er Wert legt, ist der Abstand. Herr Parkinson versteht es, Diskretion walten zu lassen. Die Gespräche mit ihm sind von jener

Lakonik, die das Denken erfordert. Zu den Fragen, die man hat, muss man sich die Antworten ausdenken, und zwar so, dass man sich stets vorzustellen versucht, was er jetzt dazu sagen könnte.

Eine unheilbare Krankheit stellt die gleiche Anzahl von Fragen, wie eine heilbare Krankheit Antworten zu geben hat. Es ist aber ein Irrtum zu meinen, man müsse als Kranker sich zunächst den Fragen der Unheilbarkeit stellen. Das ist Sache der Gesellschaft. In ihrem Katechismus steht: Man stirbt nicht mehr am Parkinson, oder anders gesagt, und damit schon fast krankenkassenreif, die Lebenserwartung eines Parkinsonkranken liegt nur unerheblich unter der allgemeinen Lebenserwartung. Man lebt also mit einer unheilbaren Krankheit beinahe so lange wie ein gesunder Mensch.

Die Frage aber ist nicht, wie lange man lebt, sondern wie man so lange leben kann. Es ist die Frage nach der Lebensqualität, die an den Schaltstellen des Gesellschaftlichen beschworen wird.

Lebensqualität? Oder ist es letzten Endes dann doch Lebensqualifikation? Und wir sind nichts weiter als dämliche Faschisten?

Sprachlos sah der Parkinsonkranke dem Mustermann zu, wie dieser auf dem Fahrrad saß und, obwohl er auf der Stelle trat, nach Beschleunigung rief. Er, der Betrachtende, zeigte sein Pokergesicht, um das ihn die besten Filmschauspieler beneideten. Eine Erkrankung entpuppte sich erst als Erkrankung und lag als solche vor, wenn bei ihr Wirkung und Auswirkung keinen Sinn mehr ergaben und keinen Zweck erfüllten.

So wurde die Eigenschaft zum Symptom. Ich beklagte mich über ein Symptom wie über eine schlechte Eigenschaft, die ich loswerden wollte. Ich stellte mich der Physiotherapie und sagte damit all den fehlgeleiteten Eigenschaften den Kampf an.

Auch der Ex-Staatsanwalt, selbst er, hatte jetzt ein Schicksal. Er stieg atemlos vom Fahrrad und sagte: Ich weiß, ich werde im Rollstuhl enden.

Die Krankheit zeigte uns ab und zu ihre Instrumente.

Die Angst vor dem Rollstuhl rührte wohl von der Verwechslung zwischen einer Querschnittlähmung, die man sich schon bei »Wetten, dass..?« abholen konnte, und der Verunsicherung der Beine, denen

der Kopf keinen Halt mehr bot, sodass sie den Beinen eines Besoffenen verdammt ähnlich sahen.
Die Wahrheit ist: Wer nicht mehr zu gehen weiß, wird bald auch nicht mehr stehen können, nicht sitzen und nicht liegen. Denn all diese Körperhaltungen bilden nichts anderes als den aufrechten Gang, und es kann durchaus sein, dass der Erkrankte in die Knie gezwungen werden soll.
Vor wem denn und zu welchem Zweck, fragte der milde lächelnde Herr Parkinson.
Die große Verschwörung, die gibt es nicht, rief es aus dem Chor des Arbeitsmarkts. Hindert dich vielleicht jemand am aufrechten Gang, schallte es ihm vielstimmig entgegen. Bist nicht du es, der sich beugt? Das zur Macht avancierte Anonyme lässt dich seine Namenlosigkeit spüren.
Es ist doch alles geregelt, was willst du mehr?
Nehmen wir die Physiotherapie. Sie versucht dem auf den Kopf gestellten Menschen die Rolle rückwärts beizubringen, sagte ich, und der Brillenrand ließ für einen Augenblick die Buchstaben tanzen. Sie, die Physiotherapie, die als Teil der Reha eine der Säulen unserer medizinischen Heilung verkörpert,

wird im Fall des unheilbaren Parkinson zum Erinnerungsschrittmacher, zur melancholischen Muskelerweckung und zum Teilzeit-Aphrodisiakum.
Statt des Ex-Staatsanwalts stieg nun Herr Parkinson selbst vom Fahrrad und sagte, ohne mit der Wimper zu zucken, so, als gäbe es nicht auch dafür eine Übung. Er sagte: Voila!
Alles zu seiner Zeit, fügte er hinzu.

Stirn runzeln. Als gäbe es einen Anlass. Nase rümpfen. Als ginge es nicht anders. Lippen spitzen. Zum Küsschen.
Zunge herausstrecken. Frech die Zunge herausstrecken. Zunge nach links und nach rechts herausstrecken. Wange aufblasen, links und rechts.
Oberlippe aufwerfen. Unterlippe aufwerfen. Unterkiefer verschieben, nach links und rechts. Auge zukneifen, links und rechts.
Das Gesicht muss zur Grimasse werden, um wieder als Gesicht zu wirken. Kann aber ein verloren gegangener Gesichtsausdruck wiederhergestellt werden? Und wieso wäre das Ergebnis mehr als eine Rekons-

truktion? Und was, wenn die vermeintliche Rekonstruktion auch nur eine Grimasse ist?
Wange aufblasen. Auge zukneifen.
In Gottes Namen. In Gottes Hand.

Wer Gott sagt, hat Gott gesagt, selbst wenn er hinzufügen sollte, mein lieber Gott, oder auch nur: Ach Gottchen. Die Ironie steckt bekanntlich im Detail, und so sollten wir uns auch nicht wundern, wenn die Betreffenden sich in Wirklichkeit in höchster Ratlosigkeit und großer Not befinden.
Wo unsere aufklärende und aufklärerische Weisheit am Ende ist, erinnern wir uns zumindest zwiespältig seiner, des Herrn.
Dabei geht es nicht um seine Existenz, um ihre Infragestellung, sondern um die Macht, die mit Gottes Wort ausgeübt wird. Plötzlich hat alles seinen Ursprung in der Bibel, die Liebe, und auch die Reklame.
Angesichts dessen kann man nur allzu leicht ins Theologische abgleiten, wobei die erhoffte Empathie kein Ergebnis der Theologie sein will, sondern eines

der Humanität. Frage: Gibt es ein falsches Theologisieren, das der agnostische Denker angesichts des Todes zulässt? Wollte Habermas, als er mit Ratzinger sprach, etwa einen Fototermin bei Gott erreichen? Plötzlich war es möglich, das Gotteswort einzuräumen, ohne sich zu unterwerfen.

Sobald die Denker den Theologen mit den Beweisführungen der Philosophie entgegentreten, haben sie den großen Vorteil, unabhängig von Denkschulen, die permanente Abwesenheit des Allmächtigen festzustellen. Während die Theologen unentwegt seine Gegenwart beschwören, nicht zuletzt am Beispiel von Wundern, genügt es den Aufklärern, Gottes Abwesenheit zu konstatieren. Das ist für die Theologen ein Ärgernis und für die Aufklärer selbst ein Postulat. Der Bezug auf das Wunder aber zeigt nicht zuletzt die Blößen der Theologie auf. Das Gebet kann nicht heilen.

Das Unbehagen, das daraus folgt, verschont niemanden.

Gott ist der Einzige, der nicht beten muss.

Die Klinik liegt vor den Toren der Stadt, in Brandenburg, nicht ganz zutreffend Umland genannt. Auf dem Gelände stehen die Backsteinbauten des Kaiserreichs.

Ich, in einem dieser Gebäude. Vor mir der Chefarzt, ein Mann, der wie Hindenburg aussieht, nur ohne Orden. Es ist, als habe man ihm etwas weggenommen, als fehle ihm jetzt etwas, aber es bleibt unklar, ob das, was ihm fehle, tatsächlich das ist, was man ihm weggenommen habe.

Der imposante Chefarzt nimmt einen kleinen Löffel in die Hand und führt ihn zum Mund. So müssen Sie das machen, sagt er zu seinem Visitenanhang, aber mit einer Kirsche drauf, fügt er hinzu. Wenn der Patient den Löffel mit der Kirsche nicht zum Mund führen kann, dann ist es Parkinson. Er steckt den Löffel in seine Brusttasche am Kittel und blickt triumphierend in die Runde.

Er sieht mich an zum Zeichen, dass die Visite zu Ende ist, und sagt: Mit einer Kirsche. Er sagt es so, als spreche er von einer Therapie, aber es handelt sich ja bloß um einen kleinen Trick aus der Verlegenheitsdiagnostik, den er, der Chefarzt, in Ermangelung einer Therapie-Idee, unterhaltsam vorzutragen bemüht war.

Später erfuhr ich, dass im 19. Jahrhundert zur Behandlung von Parkinson-Symptomen Extrakte der Tollkirsche eingesetzt wurden.

Die Klinik befindet sich auf einem landeseigenen Parkgelände. An dessen Rändern beginnt der Wald. Zwischen Park und Wald liegt ein Baumstreifen, in dem die Waldbäume in abgezirkelten Reihen wachsen wie sonst nur das Obst.

Es sind Buchen, ruft jemand, und ich ergänze seinen Kreuzworträtselstil mit dem Satz: Sie tragen rote Mützen.

In diesem Streifen laufe ich am Morgen um sieben. Ich laufe unter den Baumkronen. Die Baumkronen sind über mir.

Ich laufe, bis ich stürze, murmele ich.

Solange ich laufe, stürze ich nicht, füge ich hinzu.

Eines Morgens sehe ich zwei junge Ärzte im Baumstreifen. Eine Frau, ein Mann. Sie verharren für einen Augenblick unter den Baumkronen, als wollten sie

das Weiß ihrer Kittel zur Geltung bringen. Sie drehen sich einmal um sich selbst, und dann noch einmal um den anderen. Der Tag kann beginnen.
Es ist ein Tag wie kein anderer für den Patienten und ein ganz gewöhnlicher Tag für den Arzt.
Dieser Tag trennt sie für immer.

Es gibt Krankheiten, von denen der Arzt etwas versteht, und Krankheiten, die er beobachtet. Bei den einen weiß er, woher die Symptome rühren, bei den anderen erkennt er bloß ihre Spur.
In dem einen Fall ist er der Herr der Symptome, im anderen bleibt er ihr Diener. Die meiste Zeit aber verbringt er mit den Volkskrankheiten, mit Hustenreiz und Magenverstimmung. Mit den Krankschreibungskrankheiten.
Wie die Brezelverkäufer. Und so träumt er, ganz wie diese, einmal noch ein Chateaubriand aus der Tasche ziehen zu können.
Herr Parkinson nickt.
Ob er mir recht geben würde? Oder gefällt es ihm wirklich nur als Pointe?

Es gibt Krankheiten für die Massen und Krankheiten für den Individualisten, es gibt Zeitgeistkrankheiten und Kinderkrankheiten, Epidemien und seltene Viren.

Es gibt die Therapien und Behandlungsmethoden, die sich von Epoche zu Epoche erheblich unterscheiden können. Jede Gesellschaft hat ihre Haupt- und Nebenkrankheiten. Den Krebs gibt es heute öfter als früher die Lungenentzündung.

Der Parkinson ist eine Krankheit für Einzelgänger. Er lässt sich verschweigen, sogar verleugnen. Bis er alles in der Hand hat und alles bestimmt, bis der Patient eines Tages vor aller Augen auseinanderfällt.

Die Ärzte greifen gesellschaftliche Krankheitsbilder auf und übersetzen diese in die Fachsprache. Jüngstes Beispiel: Burn-out.

Die gebannten Bilder kehren oft in ihrer Fachsprachenkontur in die allgemeine Öffentlichkeit zurück.

Ich liege im Zweibettzimmer, zunächst allein. Die Krankenschwestern gehen ein und aus und grüßen einander. Ich aber hätte gerne Klarheit über das zweite Bett.

Nach ein paar Tagen kommt ein Kandidat für das zweite Bett, es ist ein Polizist aus Brandenburg, ein Hundeführer. Er leidet unter einer Berufskrankheit. Sie sei darauf zurückzuführen, dass selbst der treueste Hund dazu neige, an der Leine zu zerren, bis dem Hundeführer die Nackenwirbel brechen, sodass er nie wieder die Verfolgung der Täter aufnehmen kann.

Stattdessen, so der Hundeführer, könne es passieren, dass er in den Rollstuhl käme.

Er telefoniert jetzt mit seiner Frau, und dann ist die Nachtschwester da, und der Hundeführer verlässt mit ihr das Zimmer.

Ich schlafe ein und mein Bett wird zur Streckbank. Mein Nacken liegt falsch. Ich kann mich nicht umdrehen. Meine Nackenwirbel sind die Nackenwirbel des Hundeführers. Ich bin um den Schlaf gebracht, und liege doch nicht wach. Irgendwann kehrt der Hundeführer ohne die Nachtschwester zurück. Wahrscheinlich hat er sie verspeist.

Es ist noch früh am Morgen und bereits hell, denn es ist ein schöner Mai.

Der Hundeführer hockt jetzt auf dem Bettrand.

Und weshalb sind Sie hier, fragt er plötzlich.
Wegen des Herrn Parkinson, sage ich.
Ach, sagt er, wirft mir einen teilnahmsvollen Blick zu: Sind das nicht die, die wir ständig heimholen müssen?
Und dann ist es Tag, und der Hundeführer ist nicht mehr da, er ist wieder Hundeführer.
Aus seinem Bett wünscht mir ein anderer einen guten Morgen.
Es ist ein Tennisspieler.
Ein Tischtennisspieler.
Er trägt stets einen Ball und einen Schläger bei sich und sucht nach Spielpartnern. Er behauptet, sich mit Tischtennis gegen den Parkinson wehren zu können.
Man habe ihm sogar einen Raum im Keller für das Tennisspiel zur Verfügung gestellt. Er verlässt jeden Abend unser Zweibettzimmer, um mit den Kumpels noch eine Runde zu spielen. Ich schreite währenddessen die Außengrenzen des Klinikgeländes ab, und später, als ich die Tür zum Zweibettzimmer öffne, sehe ich meinen Bettnachbarn, den Tischtennisspieler, mit erhobenen Händen vor dem Fenster stehen,

und ich höre ihn meinen Namen rufen und merke erst jetzt, dass seine Hände sich im T-Shirt verhakt haben, sodass er es weder an- noch ausziehen kann. Sie seien noch in der Kneipe am Haupteingang der Klinik gewesen, um das Bier zu holen, sagt der Tischtennisspieler, der in Wirklichkeit ein Biertrinker ist, ein Trickser und ein Trinker, ein Freibiertrinker.

Das Krankenhaus erschien mir plötzlich wie ein Hotel, in dem sich die Gäste die Zimmer zu teilen hatten. Was aber im Hotelgewerbe den Ausnahmezustand bildete, der aus Anlass einer Katastrophe oder vielleicht noch im Ergebnis des Kommunismus eintreten konnte, war im Krankenhaus die Regel.

Dass im Krankenhaus die Ausnahme die Regel war, änderte kaum etwas am Verhalten und schon gar nicht an den Gewohnheiten der zu Patienten Gewordenen.

Das Erste, was ein Neuzugang unternahm, war das Abstecken seines Privatbereichs, indem er das ihm Verbliebene, seine augenblickliche Habe, ausstellte. Es war das, was die Krankheit ihm zugestand. Kopfhörer, Kekse und eine Zeitung von gestern.

Ich aber bin Nacht für Nacht wie der Mann im

Boot, der auf dem Meer zu weit hinausfuhr und plötzlich, nachdem er sein Schiffchen lange genug über die Berge und Täler des Wassers hat treiben lassen, an passender Stelle eine Landzunge für sich entdeckt.

Es ist Freitag, sagte Herr Parkinson. Er warf mir einen schnellen Blick zu, als wollte er überprüfen, ob ich seinen Scherz verstanden hatte.

Ich aber sah aus dem Fenster der Cafeteria auf das Hochgebirge, über dem wir schwebten. Ich hatte im Schlaf das Fliegen gelernt, und nun flog das ganze Krankenhaus mit mir durchs Gletscherland.

Anfangs wurde kaum gesprochen. Es wurde etwas vom Heimkommen gesagt, und jemand wiegte den Kopf. Und als angesichts der Großwetterlage ein Plaudern aufkam, war auch schon der junge Stationsarzt da und begann mit seiner Fragerei. Wer im Nachbarbett lag, verstand jedes Wort und wusste am Ende mehr über den Bettnachbarn, als er jemals über ihn erfahren wollte. Oder hättest du bei einer solchen Gelegenheit hören wollen, dass du ein »Gewaltschläfer« seist, einer der im Schlaf boxt und um sich schlägt?

Die Macht der Ärzte besteht nicht in der Beurteilung des Krankheitsverlaufs, sondern in der Bewertung der sich daraus ergebenden Folgen.
So nahm der Sozialstaat die Krankheit in den Griff. Heilung geschah im Hinblick auf die Rehabilitation des Patienten, also in seiner Wiedereingliederung in den Gesellschaftsbetrieb, ins Getriebe.
Als geheilt galt jemand, der in seinen bisherigen Lebenszusammenhang zurückkehrte, um seine Karriere fortzusetzen oder eine neue, eine ganz andere, zu beginnen. Der Ort dieser multiplen Knochenverdrehung nannte sich in sanfter Namensführung REHA. Rehabilitation.
Die Ärzte strebten den Status quo ante des Patienten an, es war auch mein Ziel. Zur Not hätten sie sich auch mit einem Teilergebnis zufriedengegeben, ich nicht.
Heilung war nichts weiter als Wiederherstellung. Der Geheilte war zunächst der Gerettete und später der Wiederhergestellte.
Er war aber auch der Überlebende, der zu verzichten wusste und dem eine Frist gesetzt war, die er gerne ignoriert hätte. Diese Frist setzte der Körper.

Von ihm konnte sogar in Prozenten gesprochen werden.

Es kam der Tag, an dem ich zum ersten Mal einen Brief nicht zu Ende schreiben konnte, und es beunruhigte mich nicht besonders, denn das Briefschreiben ist nie meine Stärke gewesen.
Kaum hatte ich einen Brief begonnen, fiel mir nichts Mitteilenswertes mehr ein. Schon der erste Satz blieb dürr. Bereits beim nächsten fehlten mir die Worte, ohne dass es etwas Besonderes gewesen sein konnte, das mich durcheinandergebracht haben sollte.
Ich war fast froh darüber, jetzt eine so überzeugende Begründung zu haben, um eine mir lästige Tätigkeit aufzugeben. Danke, Herr Parkinson!
So versuchte ich mich selbst zu beschwichtigen, indem ich die Tragweite des Verzichts auf alltägliche Betätigungen ignorierte, und so wird auch der Tag kommen, an dem ich zum letzten Mal einen Kinosaal betrete, und auch der Tag, an dem ich das Buch zum Lesen nicht mehr mit den Händen halten können werde.

Beides ist geschehen.

Ich konnte der zitternden Schrift mit dem Auge nicht mehr folgen. Das aber war nicht alles. Bestimmt hätte sich ein Hilfsmittel gefunden, das die beschriebene Unbequemlichkeit gemildert hätte, gäbe es nicht die Gewissheit, dass hinter jedem physisch durchgeführten Schritt ein geistiges Maß verborgen ist, das sich der Physis verweigern muss, ja, ihr sogar entsagt. Die Anstrengung, die damit verbunden ist, ist eine geistige, sie ist es wahrscheinlich immer gewesen, nur, wie soll man verstehen, dass jemand mit seinem eigenen Bein spricht oder auch nur mit dem freien Auge kokettiert?

Ich gab eins nach dem anderen auf, ohne zu bedenken, dass das Aufgegebene, das mir mehr oder weniger fehlen wird, in der Lebenssumme nicht mehr zum Tragen kommt. Und hieß es nicht, die Dinge geben ihren Geist auf?

Teil IV

IM SCHWARZEN QUADRAT

Der Himmel war so hoch wie nie zuvor. Ich kniete sprachlos vor diesem Licht. Ich lief meine Lebenslinie entlang. Ich lehnte am Horizont, und alles war gut.

Ich sprach die Sätze Wort für Wort hintereinander weg, ohne meine Stimme zu hören. Ich versuchte es noch einmal, aber die Stimme blieb auch diesmal aus.

Wer zu sprechen aufhört, hat Gründe. Vielleicht hat er nichts mehr zu sagen, das er für notwendig hält oder das ihm sinnvoll erscheint, und das angesichts der Anstrengung, die das Sprechen erfordert. Er muss sich jedes Wort abringen. Und er will auch nicht erklären müssen, warum er sich entschieden hat, nicht mehr zu sprechen und nichts mehr zu sagen. Es ist ihm alles zu viel.

Es ist die deutlichste Absage an das Leben und ein Affront für die Angehörigen.

Für die Angehörigen ist es eine Strafe, die sie nicht verstehen können. Sie bekämpfen seit Jahr und Tag an der Seite des Erkrankten den Parkinson und dann,

urplötzlich, handelt dieser aus dem Körper des Kranken heraus und verschließt mir den Mund.
Die Truppen des Herrn Parkinson stehen überall. Da ihnen der gesamte Körper zur Verfügung steht, können sie die von ihnen gehaltenen Positionen ständig wechseln. So muss der Kranke sich gegen den eigenen Körper wehren. Während er dem Körper alles, jede Bewegung, jeden Schritt, abzutrotzen hat, ist der Gegner stets bei ihm. Der Weg ins Bad kann weit sein, und man kann auch ziemlich lange unterwegs sein, bis man endlich zum Wasserglas in der Küche gefunden hat.
Ich halte das Glas in der Hand und drehe mich um, so gut ich kann, und stehe plötzlich auf der Straße in einer fremden Stadt. Man sucht bereits nach mir. Ich lasse das Wasserglas fallen und versuche mit letzter Kraft meinem Bein Schwung zu geben und davonzurennen. Und dann leuchtet die Lampe an meinem Bett auf. Auf der Türklinke liegt eine Hand.
Manchmal ist die Dunkelheit weiß. Mein Kopf fällt nach hinten, ich hebe ihn auf.

Gestern bin ich im Bad gestürzt. Der Kopf ist die Wirbelsäule hinabgesprungen. Ich lag für ein knappes Stündchen auf dem Kachelboden. Ich zählte die weißen Kacheln. Ich war allein.

Wir kennen die Vergangenheit, die Gegenwart und die Zukunft. Mehr wissen wir beim besten Willen nicht.

Wir neigen dazu, alles als Willensakt und Ergebnis des guten Willens zu betrachten. Es käme also auf nichts als auf den freien Willen an und man könnte damit alles erledigen.

Was aber, wenn der Körper sich vom Kopf nicht mehr herumkommandieren lässt? Und wenn kein gutes Zureden hilft und auch die Ankündigung von Maßnahmen nichts bewirkt?

Das bin ich, bei einem Vortrag.

Das könnte ich gewesen sein.

Und jetzt fehlt nur noch die Einsortierung: Vergangenheit? Gegenwart? Oder Zukunft?

Doch, es war der Vortrag in der Sternwarte. Mein letzter Vortrag.

Man hört etwas, einen Ton, der eine Grundierung schafft, mehr nicht.
Es ist das Hören, das vor dem Sehen kommt.
Es ist das Sehen, das mit dem Hören vergeht.
Möchten Sie vielleicht etwas essen?
Die Flugbegleiterin hat eine angenehme Stimme.
Bringen Sie mich zum Taxistand, höre ich mich sagen.
Der Taxifahrer will wissen, mit welchem Flug ich angekommen sei.
Die Maschine ist noch gar nicht gestartet, sage ich.
Der Taxifahrer sagt bis zum Ende der Fahrt kein Wort mehr.
Dann sagt er: achtundzwanzig.
Er dreht sich um, und nimmt das Geld aus meiner Hand und ich sehe sein Gesicht.
Sie haben den Flug damals nicht angetreten, und auch den Vortrag nicht gehalten.
Wollen Sie etwas essen?
Die Pflegerin hat eine angenehme Stimme.
Alles ist ein fernes Ufer. Alles ein unerreichbarer Horizont. Ich weiß immer noch, wo ich wohne, aber ich frage mich jetzt, wozu. Schließlich ist

es ohne weitere Bedeutung. Ich weiß noch so manches, aber es nützt mir nichts. Hier komme ich nicht mehr heraus.
Mein Zimmer reicht, so weit die Füße tragen. Hier habe ich zu bleiben. Man würde mich zurückbringen. Mal abgesehen davon, dass meine Beine mir den Dienst versagen, und ich nicht einmal etwas gegen sie vorbringen kann, zumal ich ihnen genug an Schwierigkeiten bereitet habe, in den Zeiten, als ich noch dachte, alles ginge von selbst, alles habe seinen Gang, und man brauche nichts weiter zu tun, als sich frisch zu machen am Morgen kurz vor dem Start in den Tag.
Es sind die Bausteine des Alltags, die die Welt zusammenhalten. Es ist die Nachrichtensprache, die die Nachricht zur Nachricht werden lässt. Es ist der Jargon, der die Nachrichtengeber und die Nachrichtennehmer verbindet, der Jargon, auf den man sich geeinigt hat, um ein Märchen zu erzählen, das Märchen von der fehlenden Geduld.
Uns aber fehlt nicht die Geduld, uns fehlt die Zeit. Man hat Termine und zählt sie. Man lässt sich auf den Berg karren, um zu fliegen oder zu springen.

Die Welt ist auf der Flucht, die Menschen gehen auf Reisen.

Welche Zeit, höre ich Herrn Parkinson sagen, du hast doch alle Zeit der Welt, und was machst du daraus?

Mehr sagt er nicht. Mehr muss er nicht sagen.

Die Geduld ist ein Wert. Die Zeit ist ein Maß, mehr nicht. Aber, auch wenn es um den Wert geht, entscheidet nicht doch die Zeit?

Du stirbst nicht an der Krankheit, du stirbst an ihren Folgen und an den Folgen der Nebenwirkungen der Medikamente. Du stirbst wie jeder andere auch. Ob das ein Trost ist? Ein Trösten? Von wem und wozu? Wer kann das schon sagen?
Ich nicht. Und du? Oder dein Anrufbeantworter?
Du bist fort. Und damit nicht mehr du.
Du ist nicht mehr du.
Nur ich ist das Ich, aber auch das nicht ganz.
Der Tod wiederum versteckt sich. Er versteckt sich in seiner Rolle als versteckter Tod.
Nein, Herr Parkinson ist nicht sein Botschafter. Er ist sein Pächter.
Was aber unterscheidet Besitz und Pacht? Der Vertrag gilt für beide, der Pächter aber hat, nach erfolgter Kündigung, keine Verantwortung mehr.
Er geht. Und überall, wohin er kommt, erwartet ihn bereits der müde Besitzer, um ihm den neuen Pachtvertrag zu überreichen.
Damit ist er, genau genommen, kein Pächter mehr, sondern ein Besitzer ohne Besitz.
Er hat nichts zu verlieren. Ihm kann nichts mehr verloren gehen.

Voilà!
Herr Parkinson ist aus dem Schneider. Er rast über den Bürgersteig, als hätte er gerade den Führerschein für das Laufrad erworben.

Einmal, vor vielen Jahren, als ich die Beschwerden zwar schon hatte, aber nicht wusste, woher sie kamen und vor allem nicht, wohin sie führen sollten, sah ich an der Potsdamer Straße an einem frühen Sonntagmorgen zwei Rollstuhlfahrer, die einander wie die Motorradfreaks beim großen Oldtimertreffen umkreisten, um dann zu halten und sich zu begrüßen. Ihre Rollstühle waren hochgerüstet, sie erweckten den Eindruck von Rennfahrzeugen. Die beiden hatten es nicht nur geschafft, ihre eigene Behinderung zu tarnen, sie hatten aus ihren Hilfsmitteln Sportartikel gemacht.

Eine unheilbare Krankheit, die den Tod nicht herbeiführt, macht das Leben zunächst zur Strafe, sie lässt zwar nicht mit sich reden, man kann ihr aber doch einiges abtrotzen. Es ist letzten Endes eine Frage der Verhältnismäßigkeit. Das Abgetrotzte muss sich für das Leben lohnen. Auch wenn dieses verwettet ist.

Jedes Aufgeben ist auch ein Selbstaufgeben, eine Kapitulation. Es gilt die Logistik des Lebens zu nutzen.

Ja, Herr Parkinson war nochmals da.

Nein, wir sprachen nicht miteinander.

Ich lag. Er saß.

Der Schmerz füllt die Pausen des Willens aus, sagte ich mir.

Ich war jetzt ohne Stimme und hatte also den hübschen Gedanken für mich allein.

Ich habe eine Träne im Auge. Eine festgefügte Träne. Ich will jetzt nicht mehr glauben, man könne Gott mit einem Gehstock betrügen.

Und was dann.
Und was noch.
Und was immer.
Und was auch.
Und was nicht.